美丽闵行

闵行区政协文史丛书

老巷陈香辑

鹤鸣颛溪

吴玉林 主编

上海书店出版社
SHANGHAI BOOKSTORE PUBLISHING HOUSE

总　序

祝学军

习近平总书记指出，“文化自信是一个国家、一个民族发展中更基本、更深沉、更持久的力量。”

闵行区承上海县700年历史文脉，更有史前“马桥文化”5000年之历史渊源和深厚积淀，其前身上海县的立县历史可追溯到元代至元二十九年（1292），是上海“建置之本”，人们口中的“先有上海县再有上海市”并非妄语。明清时期的上海县交通便捷、经济发达，受松江府城的近距离辐射，经济、文化、城镇发展均优于其他地区；在近代城市化进程中，既没有彻底洋化，也没有固守不变，从而成为农耕文化、商贸文化与近代海派文化的相生、相融之地，独具地域文化特色。

改革开放以来，闵行区经济社会发展成就显著，经济总量、财政收入、居民生活水平、城市化进程、公共服务等诸多指标均位列上海各区前茅，闵行经济技术开发区、紫竹高新区、莘庄工业区引领经济发展。所以，闵行是上海的工业基地、科创新区，也是当之无愧的经济强区。同时，闵行集聚了上海交大、华东师大、航天八院、中国商飞等众多高校科研机构，各文化艺术门类、文化艺术团队及文化名人遍布全区各地，是上海的人文高地和名副其实的文化大区。

闵行区的前世今生，堪称海派文化的发祥之地。闵行区政协牢记肩负的文化使命，若干年之前，区政协文体委就组织开展了闵行文化资源的调查，据当时调查报告所示，作为闵行区文化资源重要组成部分的地方历史文献，未能及时系统整理出版，为此提出了相关建议。2017年，区六届政协工作开局之初，就着手筹划闵行文史资料的编撰出版工作，由学习和文史委员会负责编制本届政协文史资料编撰出版工作规划，定名为“发现闵行之美”系列丛书，秉承“以人存书”“以书存史”“以史为鉴”的原则，计划每年编撰出版一辑5册，共五辑25册，分五年完成。从“民艺乡俗”“岁月有痕”“老巷陈香”“故土之韵”“百舸争流”五个方面，集结闵行历史文化之精粹，以飨众多闵行和上海读者。

编撰过程中，也碰到了很多困难，但有幸于闵行丰厚的历史和历代先贤留下的文化瑰宝，让我们充满底气；政协委员和社会各界的鼓励和支持使我们信心倍增。热切期盼得到社会各界持续关注、支持和热心指导。

让我们共同努力，传承好闵行灿烂的历史文化，谱写好未来的美好乐章！

目 录

1 总序

1 北桥以北（代序）

第一部分 乡间风物总关情

3 “两桥”原来是这么来的

6 千年古刹何处寻

14 北桥钟，响在屋界东

18 瓶山遗迹无存留

21 民国时期，这些地标性建筑

27 这些民居曾经也风光

30 六磊塘上两座桥

32 正在消逝的“马头墙”

34 小辰光最喜欢白相的地方

40 光华路概念

第二部分 如烟往事细思寻

49 老街生活素描

59　本地庙会是怎样形成的
62　颛桥老街的民国风情
67　新式学堂创办纪事
70　百年颛小立潮头
81　忆颛桥青年文艺社
84　南街往事
91　关注社会民生的《明心报》
94　我家做过邮政代办所
96　50年代小镇文体团队散记
101　纺纱织布忆当年
104　剪纸走进千家万户
109　以“糕”的名义

第三部分　星光点点耀颛溪

119　这些清代的颛桥名人
124　他们，从老街走出
127　“江苏怪人”张翼
136　我在颛小做地下工作
140　永远是个兵
143　吴颐人：依然学童
154　瑞祥明快　高洁豪迈
166　做能做的，做想做的

北桥以北

代序

北桥以北，是颛桥。

北桥与颛桥相邻，且都枕着沪闵路。

北桥是有故事的北桥，颛桥也是有故事的颛桥。

北桥曾经拥有千年古刹明心教寺，“北桥钟，响在屋界东”，“穷虽穷，还有3600斤铜”；那座曾存世五百多年，乡人引以自豪的地标性建筑——放鹤桥，据说是西晋著名文学家、书法家陆机放鹤之地，虽在上世纪50年代被拆，但也留下了不少美丽的传说；同时，民国上海县政府旧址位于北桥。而颛桥，也是不简单的颛桥，作为“中国民间文化艺术之乡”，颛桥在明朝时就已设颛桥市，清乾隆年间称镇，嘉庆时复为市，咸丰年间于此设中渡桥团练局。1948年前分治于松江、上海两县，一度街市繁华，商贸发达。

在2000年10月18日以前，北桥是北桥，颛桥是颛桥，虽然在明代时，颛桥曾归北桥镇管辖。而今世事轮回，两镇又合而为一，撤销原北桥镇，原颛桥镇，建立新的颛桥镇。

凡是闵行人，无论是对北桥，还是颛桥，大概都不会陌生吧？两镇都有老街，不过北桥的老街自放鹤路通后，便日渐冷落了。老街虽有些年头，但建筑基本是缺乏特色的民居，只能在街东的老茶馆里听老人们叙述旧时光。反倒是颛桥老街依旧人来人往热闹非凡，斑驳的墙砖上烙刻着沧桑岁月的遗痕。

记得在2014年初，作为《最后的老街》专题文章的策划人，我曾专门探访过北桥和颛桥的老街，无论是站在北桥“杀人塘”的纪念碑前，还是颛桥周家大宅院和颛桥电影院门口，仿佛聆听着历史的回响。令我感慨的还是颛桥老街，它拥有着深厚的历史底蕴和丰富的人文风貌，在城市化越演越烈的今天，能得以原貌保存至现在，用沧海遗珠来形容似乎并不为过。用专家们的话来说，“在上海市区，难得还有这样保留着江南小镇生态的待开发区域”。

也正因为有老街，才会留下不少历史掌故和地方传说，从而有了这本文史汇编集《鹤鸣颛溪》。作为“发现闵行之美”文史丛书“老巷陈香辑”的组成部分，在《鹤鸣颛溪》里我们尽可能地收集、整理此地的风物、民俗和历史故事，同时也记录下一些曾经或现在生活在这块土地上的人，无论是文人雅士，还是车夫走卒，无论是过世的，还是健在的，他们是千千万万颛桥人的缩影。这样的文史书籍不是“志”，也不是地方的编年史。尤其人物部分，除了过去历朝历代的名人，我们相信，从这块土地上走出去或者还生活在这里的仍有很多优秀人士，但我们只能选取一些代表性的，且以文化教育界为主。像抗战英雄曹仁寿烈士这样的灏桥子弟，我们则将归类到文史丛书的其他相关书中介绍。

因编选时间较紧，所掌握史料有限，本书定有不少疏漏之处，敬请读者批评指正，将留待以后补充、修正。

编 者

2017年10月

第一部分　乡间风物总关情

“两桥”原来是这么来的

张乃清

至少六百多年以前，老六磊塘上就有一座拱形桥，取名众安桥，因其由砖石混建，故俗称砖桥。后来，乡人嫌称其为砖桥太俗，便有文士取“颛”含有和善、谨慎的字义，又含有纪念古帝颛顼（黄帝之孙、夏禹之祖父）之意，呼其为颛桥。随着石桥四周形成市镇，颛桥遂成地名。明代《上海县志》记载“颛桥市”。

在俞塘河上，自古有不少桥梁。在靠近横泾港处，至少六百多年以前有一座北梁七星桥（后位于北桥中街）。当地被称作北梁，自元末起隶属上海县长人乡十八保。元后至元三年（1337），松江府在这里设有民间酒业税务机构，称“北桥务”。北桥地名随之流传。后来，“酒务”迁往新场，这里中落。

明嘉靖《上海县志》率先记载：“鸣鹤桥，俗呼北桥。”自古以来，最令人津津乐道的是，相传这里是西晋著名文学家、书法家陆机（261—303，字士衡，华亭人）放鹤之地。本地有个读书人（曾有人说是荀隐，实属牵强附会）与陆机是老朋友，两人常有往来。陆机在家除读书外，最喜欢养鹤。某年秋季，陆机携白鹤来到东乡，拜访好友，一起漫游。当时，这里向东即是大海边，陆机走到这里不由胸襟大开。他身长七尺，声如洪钟。年少奇才，文章盖世，此刻登上七星桥，欣然松手放飞白鹤。只见那白鹤鸣叫三声，冲天高飞。陆机养鹤已有多年，但从来勿曾听得过鹤叫，因此他如入仙境，异常兴奋，以致终生难忘。为此，他出资在七星桥西面兴建了一座五马并行的紫云石桥，取名鸣鹤桥，俗称放鹤桥。后来，陆机在军中遇害，临终时感叹道：“华亭的鹤鸣声，哪能再听到呢？”当时，他年仅四十三岁。

这仅仅是民间传说，不可全信，但不能否定这里建有放鹤桥确是史实。也许在当年建桥时，乡人附加了这则美丽的传说，但此说流传已久，深入人心，不妨留作美谈。

步入明代，明心教寺日趋兴盛，成为本地一大名胜。于是，乡人将位于寺院西南角的这座石桥改建得为高大，以便登桥浏览寺院全貌。此桥随之被人改称为“北扱桥”（扱，《说文解字》称“收也”）。可是，乡人认为不顺口，又为了与浦南奉贤的南桥相对应，将此桥简称为北桥。明万历《上海县志》率先将“北桥镇”列入“镇市”条目，与“龙华镇”齐名，而闵行老镇仅列为“闵行市”，说明此时这里的市面胜过闵行老镇。

而本地人擅长搞笑，编出一则传说四处流传，说当初也许北桥叫卜桥，颛桥叫占桥，而这“占”和“卜”两字自有出处。古代医药落后，乡人生了病只得求“仙”。当年横泾港桥头有人设摊卖卜，凭三寸竹管，断人吉凶祸福，居然生意兴隆。乡人心中有了疑难事，总会讲：“到卜桥去卜卜看。”不久，六磊塘神农桥边也来了个卖卜先生，自夸本事要比“卜桥”大，特意将神农桥称作“占桥”。这占字在卜字下多了一个口，意思就是要一口把你卜桥吃掉。结果，谁也没有吃掉谁。不过，这占桥与卜桥竟然成了地名，代代相传，只因后人感到这占、卜两字实在摆不上台面，才改卜桥为北桥，改占桥为颛桥。

明代时，颛桥归北桥镇。清乾隆《上海县志》称：“北桥镇，与莘庄相接，地多产木棉。”同时称灏桥为“灏桥市”。1944年7月，日伪将上海县改称“申江县”，将北桥镇改称“放鹤镇”。抗战胜利后，恢复称北桥乡。

放鹤桥是乡人引以自豪的地标性建筑，因此历代得到维护。其存世五百多年，始终基本保持原貌，有两排桥脚，桥面分三堍，每堍有五块石条拼成。桥面长十八米，两面桥坡各六米，桥身全长达三十米。桥上有石栏杆，桥堍有六角亭一座。可惜，1952年俞塘疏浚时，有人认为大石桥已“不合时宜”，一声令下，竟然动手将其拆除。至1969年，石桥周边所有历史遗迹被清除平净，那些历史掌故和地方传说随之被人们淡忘了。

千年古刹何处寻

张乃清

在北桥，曾经有一座规模宏大的庙宇——明心寺，又称明心教寺。据《上海地方志》称:“故址在今北桥乡北桥镇中国人民建设银行北桥营业所。”不过有人认为此说法有误，其中心位置在沪闵路的东侧，在今放鹤路与轨交5号线的交汇处，而沪闵路以西的建设银行北桥所只是明心寺的庙门所在地。

明心教寺究竟是怎样一座寺庙呢?

初 创 期

据《明心寺志》介绍，明心教寺的地理位置是精心选择的，这里东有黄浦江环绕，西有古冈身遮挡，经有横泾港，纬有俞塘河，真可谓一块宝地。

据《钱武肃王立寺记》记载，唐龙纪元年（889），吴越王钱镠遣都水使者钱绰在这里建造寺院（又说建于五代后梁开平初年）。开山和尚叫大通禅师，传系吴越王亲自从武林大慈山的草庵里聘请来的。他在此终日念诵《华严经》，故初名“华严院”。大通禅师圆寂后，筑华严塔。

宋治平元年（1064），华严院希最禅师（族姓施，湖州人）上书朝廷。当年十月二十七日，吏部中书门下牒秀州（本地时属秀州华亭县），赐额

"明心院"。后来，有庐岳道人文秀禅师游方到此，"邑令嘉其高雅，恳命挂锡"。文秀受命住持，着手扩建寺院。

宋神宗熙宁五年（1072），明心院文秀禅师建法堂。

宋元丰四年（1081），明心院文秀禅师建大雄宝殿。植桧树二株。

宋元丰六年、七年，明心院山门、僧堂、钟楼等相继建成，寺院初具规模。

宋元祐二年（1087）四月廿二日，文秀禅师之徒宗谅禅师立《明心寺结界记碑》，碑文由元照（余杭路天宫律师、芝园沙门）撰写。明成化十八年（1482）重新刻碑。

宋绍熙五年（1194），明心院师宁禅师在西中房建大藏殿。嗣后，分西中房、东北房、西北房、西南房、东中房等六房，而不举住持，由各房禅师轮流执掌。

宋宁宗十七年（1224）夏，寺内重建钟楼一座，初置铁钟，每日清晨鸣钟祈福。

寺内拥有石函观音像，令人关注。宝庆三年（1227），一阵大风掀开殿屋，观音像失其蔽，暴露在风雨之中，怎奈一时无力修复，场面难堪。淳祐六年（1246），寺僧了胜筹资修建观音殿（额"圆通殿"）供奉，才重现佛门尊严。为此，高子凤（安徽蒙城人）撰《石函观音殿记略》记其事。淳祐十年（1250）二月，立《明心教寺石函观音殿记碑》。

宋末元初，著名书画家赵孟頫（1254—1322，字子昂）曾到此一游，为寺院心远堂题额。"子昂笔迹"成为寺院一景，留存五百多年。

元后至元三年（1337），松江府在这一带设立"北桥务"（官方税务机关），当地随之形成市镇，人称北桥。

发 展 期

明洪武二十四年（1391），明心院又扩建，同时归并南面的度门寺、东面的南广福寺（即邹家寺）以及通济庵、觉城庵、南王寺等周边子庵十七处，改称明心教寺。因其规模十分可观，俗称大寺。

明弘治八年（1495），明心教寺东中房源师太竹泉主持重修观音殿。

明正德元年（1506），明心教寺兴建月台。十一月初一日，住持德庆立《明心寺月台记碑》。

明嘉靖二十五年（1546），明心教寺东中房禅师琴楼明文（族姓孙，竹冈人）建佛堂，修东廊、观远楼，筑围墙百余丈。

明嘉靖二十九年（1550），琴楼明文禅师重建心远堂和市房东西两所，甃寺浜两旁石岸。

明嘉靖三十九年（1560），琴楼明文禅师再修观音殿，“沙门明文捐赀，细置石柱，以固其四旁，周加砖券，上通翻盖，下举完修”，并立《明心寺观音殿记碑》。次年新建钟楼、弥勒殿。

明隆庆四年（1570），琴楼明文禅师又募修大殿，役沮翻盖。

明万历四年（1576）七月，明心教寺重修轮藏殿、金刚殿、大殿、外山门、两回廊、楮炉等。八月，寺僧济宝、琴鉴、仰山、仰云等为琴楼明文禅师立《明心寺勒功记碑》，历数明心教寺各殿房建造年代，由杨祚撰写碑文。

明万历十四年（1586）孟夏，明心教寺铸大铜钟，高1.52米，直径1.18米。明心教寺住持僧仁漳，本地铸匠姚恩、继宗、应科、姚坎、朱相、良治、梅景阳等助造。

鼎　盛　期

清顺治十六年（1659），明心教寺观音阁倾圮。康熙二十八年（1689），为迎接皇帝南巡，僧远照与徒嵛来、徒孙月山重修，额"大悲阁"。乾隆五十八年（1793）五月，大悲阁毁于火灾。"住持信峰叹古迹湮没，欲还旧观，叩募十万，不惮寒暑。邑中耆宿，乐事劝功。又得大令王公、大同少府王公永灼割俸捐助。而大悲阁遂焕然复新。"

清康熙四十年（1701），建五观堂等。乾隆十二年（1747），修建钟楼。乾隆二十九年（1764），寺僧晓闻重建大雄宝殿。乾隆五十八年（1793），重建天王殿。

几经扩建后的明心教寺规模宏大，南起俞塘河，北至棖桥，东抵横沥港，西达庙泾河，占地一平方公里。寺内僧侣上千名，寺房有五千零四十八间，并有一幢轮藏（七星塔），故当地人称拥有"五千零四十八间一藏"。此时香火极旺，为鼎盛时期，有"东南一大丛林"美誉。

朱采《上海明心寺志》称："本寺堂庑宏焕，钟梵悠扬，竹树迷离，鸟声上下，窅然香界也。有十景，曰：华严宝塔、义虎讲坛、石函大士、元丰老桧、子昂笔迹、鲁班仙壁、云钟梵音 、石底莲花、竹窗听雪、罗木古墩。"

寺前西南角俞塘河上有鸣鹤桥。寺内有数百年的银杏树、罗汉松，及通天竹、方竹等。寺河呈曲尺形。

北桥老街依托明心教寺的兴盛日益发展，形成市镇规模。乾隆四十九年（1784），"北桥镇"首次列入《上海县志》。

清嘉庆二十年（1815），寺僧信峰"悯通祖龛塔为居民斥蚀，谆恳檀越复归净土，鸠工修葺，与阁并峙。又构山门，中塑吕祖颜，曰仙佛境，逶迤而入。筑慈云亭于荷池之右。祖塔屹于南，水廊敞于北，花石清幽，游鳞瀺灂，遂成胜境。”为此，冯以昌（字醒泉，号吟秋，莘庄人）撰《明心寺观音阁记碑》。

清代史地专家褚华《沪城备考》称：明心教寺大佛殿颇为雄壮，两旁有十二堵墙壁，皆有巨砖甃成，上刻卍字、方胜、棋局、回文等花样各异，而不以土俗，人称鲁班壁。近年，教寺谋划修葺，但寺僧发现重甃困难重重。幸有里人钮某设法先将图案描在纸上，购砖再重新刻在壁上，竟然较前丝毫不差，乡人佩服其心灵手巧。

衰 落 期

自道光年起，明心教寺一蹶不振。道光二十三年（1843），明心教寺基建屋成为悦善堂公所。

光绪年间，因松江白雀寺（后改称法华寺）淫寺事件闹出风波遭民众火烧，那里的“花和尚”逃到北桥，民众赶来追究，又一把火殃及明心寺，使其再也无力复兴。

此后，东南两房僧众相继圆寂，难以为继，时有幼年进寺出家的定根（族姓罗）和慧深（族姓翁），均为本地农家出身，全靠自耕自给，艰难度日，守护着寺院残屋。

步入民国，寺院的荷池山房改北桥乡公所用房，禄玉山房改为乡立第一小学校校舍。

1922年，李英石主持修筑沪闵公路，当公路放样到北桥地段时，遇到二大难题，工程受阻。

规划中的公路走势是顺着原有的“官路”取直而行，需要穿越北桥市街和明心教寺。

北桥老街南依俞塘河，北靠明心寺，东、中、西一条长街有一里多长。乡人听说沪闵路工程要横穿北桥市街而过，顿时众说纷纭，“市虎过街，危害百姓”。李英石决定增加投资，在公路之上建一座钢筋水泥大型旱桥，连接街道，人称街路桥，新建跨俞塘河的九号桥，人称公路桥。

明心寺古银杏

公路穿越明心教寺，需要拆除一批寺房。苦守寺院的定根和尚为保全寺基，强烈要求公路改道避让。李英石据理力争，坚持不肯让步。结果，他借助县公署和警方之力，强行拆除了部分寺屋。定根和尚顽强抵抗，为此坐了六十三天牢狱，明心寺随之仅剩下数十间寺屋，逐渐断了香火。有人说，沪闵路后来连遭大难，也许是一种报应。

民国19年（1930）农历正月十六日夜间，北桥明心教寺又惨遭火灾，观音阁等主要建筑和法器等尽毁，千年古刹就此彻底断了香火（889—

1930，存世达一千零四十一年）。1936年2月，上海地方史学者赴北桥采风时，这里仅剩零乱的石碑和破房。

1950年，这里仅存两栋东北房的六间寺房和一幢轮藏。后来，改建为小学校舍。

当今，千年古刹明心教寺仅存一棵银杏树，位于北松路口。这株高大雄伟的银杏树树龄已有四百多年，与众不同的是在其分杈上竟然长着一株冬夏常绿的枸杞树。古银杏冬季休眠时，树上那一团绿色分外引人注目。

明心寺志

明心寺志前后有两种。

清康熙四十七年（1708），明心教寺主持僧上鉴（还照显鉴禅师，号岳清，苦卤浜人）“抬前贤列祖事迹之概，略为编辑”，形成《明心寺志》，内容简略，但未刊印。

嘉庆十六年（1811），里人朱采（字云亭，号冶仙）又拾遗补缺，更定类例，辑成《上海明心寺志》，内容和体例较上鉴《明心寺志》更为详尽和完备，卷前有图，正文分形胜、建造、古迹、世系和遗事六个部分。其中建造、世系部分叙事详赡。

民国20年（1931），明心教寺僧定根（北桥人）将上鉴《明心寺志》本续抄，并增补嘉庆年以后变迁状况，纪事迄于民国19年（1930）寺毁止。

2006年，广陵书社《中国佛寺志丛刊》第130册和上海社会科学院出版社《上海乡镇旧志丛书》第15册，以1933年番禺叶氏钞本（今藏上海图书馆）为底本，参校民国定根续抄本，刊发《明心寺志》和《上海明心寺志》。

明心寺碑刻

据现有资料，明心教寺内至少曾有六块碑刻。可惜，如今无一幸存。

《明心寺结界记碑》，宋元祐二年四月廿二日僧宗谅立，明成化十八年（1482）重新刻碑。由余杭路天宫律师、芝园沙门元照撰记。

《明心教寺石函观音殿记碑》，宋淳祐六年（1246）明心教寺建观音殿。淳祐十年二月立碑。碑文由安徽蒙城人高子凤撰。

《明心寺月台记碑》，明正德元年（1506）十一月初一日由住持德庆立碑。

《明心寺观音殿记碑》，明嘉靖三十九年（1560）观音殿重修，寺僧特意立碑。

《明心寺勒功记碑》，立于明万历四年（1576）八月，历数明心教寺各殿建造年代。

《明心寺观音阁记碑》，清嘉庆二十年（1815）立。碑文撰者冯以昌，字醒泉，号吟秋，私谥孝惠，冯恩八世孙，莘庄乡冯家旗杆（今明星村）人。乾隆四十八年（1783）娄县籍副贡生，任安徽怀远教谕、江苏阳羡（宜兴）教谕、苏州府学教授。享年六十九岁。

寺内曾经还立有有关瓶山道院、天移井的碑刻。

北桥钟，响在屋界东

张乃清

宋嘉定十七年（1224），明心寺僧师宁初建钟楼。明成化十四年（1478），僧道鋐再建。嘉靖三十三年（1554），大铜钟“因倭飞故”（遭劫）。嘉靖四十二年（1563），僧琴楼重修钟楼，并铸大铁钟。

明万历十四年（1586），寺僧仁漳主持重铸大铜钟，高1.46米，直径1.8米，重三千多斤。为此北桥人至今常说：“北桥穷虽穷，还有三千六百斤铜。”此钟上部刻“皇图永固，帝道遐昌，佛日增辉，法轮常转”；下

20世纪30年代初北桥明心寺钟楼

部刻“国泰民安，风调雨顺，五谷丰登，八方宁静”，以及“明心寺住持僧仁漳。大明万历十四年丙戌岁孟夏吉旦，本郡铸匠姚恩、继宗、应科、姚坎、朱相、良冶、梅景阳助造”。相传，因试钟时被冒失鬼随意误敲而难以声传千里，留下“北桥钟，响在屋界东”的俚语。

明崇祯六年（1633）六月二十五日，遭飓风，钟楼又毁，折断一根楠木大柱。崇祯十六年（1643），寺僧雪岑主持重建钟楼，“时值兵燹，物力艰难，赖翁逸南等乐输”。十二月十二日，新建钟楼升钟，万历铜钟的钟声重新响彻四方。

步入清代，明心教寺进入鼎盛时期。康熙三十七年（1698），钟楼大修。乾隆十年（1745），寺僧德芳、惕庵等主持重修钟楼。因此，数百年间，这座明心寺钟楼一直是本地最显眼的地标性建筑物，风光传世，深入人心。

1934年8月8日，北桥新建成钟楼，名为民新楼，俗称“北桥钟楼”

清光绪年间，因涉及松江白雀寺淫寺事件明心教寺遭毁，钟楼从此失修，风光不再。

民国20年（1931）冬，地方士绅动议相商募款重建明心寺钟楼。至民国22年（1933）6月，募款五千七百三十余元。

不料，当年9月2日台风过境时，二层砖木结构钟楼倾废，铜钟无恙。

于是，决定向北移至县府附近重建，改为混泥结构，仿北京地安门鼓楼呈方形三层钟楼。

现在龙华寺的明心寺大铜钟

民国23年（1934）5月，新建钟楼竣工，高17.98米，宽8.83米，楼基平台宽15.53米，占地82平方米，三楼有城堞式回廊。

同年8月8日，钟楼揭幕启用，取名为民新楼，俗称“北桥钟楼”，底层为农产品陈列，二层设图书室，三层悬挂明心教寺大铜钟，供作息报时之用。墙外四周由沪上名人王一亭等题写“钟楼”、“发人深省”、“清澈闻根”、“百八共省”等字样。钮永建为之谨撰记识。

1966年“文化大革命”爆发后，“造反派”以“破四旧”名义毁灭古迹。钟楼虽处解放军驻地，但“造反派”疯狂地用铁锤轮番敲砸铜钟，怎奈钟体坚固，只敲掉双龙钟辔。

1982年8月，上海市佛教协会将铜钟转拨龙华寺，安置在龙华寺大雄宝殿东南角廊内。上世纪90年代初，钟楼被拆除。

瓶山遗迹无存留

张乃清

明心教寺的右侧自古有座瓶山。上海地区曾有瓶山多处，而最著名的首推北桥瓶山。

1984年以前，瓶山旧址还保留着半亩多高出路面一米多的瓦砾荒地，各式破瓶的碎片随手可拾。据说，当年这里曾有数丈高。后来，此地逐渐夷平，罕见酒瓶，称之“平山”。瓶为凸肚瓮形，有无耳、双耳两种。相传，瓶中有泥者，插花历久不萎，人们争相拾取玩赏。

关于北桥瓶山的来历，说法多种。有传说称，晋朝时吴郡太守袁崧（字山松）曾犒军于此，留下酒瓶堆积成山。连清嘉庆《松江府志》也曾称：“袁崧墓葬于北桥之南。”又有传说称，是吴越王在此犒军留下的遗迹。还有史料说，在此犒军的是南宋抗金名将韩世忠。不管涉及哪位大将，都是犒赏有功将士而聚瓶成山的。此外，还有一种说法。明代马桥人氏董宜阳所著《松郡杂志》云：“宋时开酒务于此。”清诸华《沪城备考》也如此说法。清卢元昌（字文子，晚自号半林居士）在所作《瓶山道院》一诗的题记中具体分析了上述种种说法，认为董宜阳之说更可靠。

瓶山虽早已成为历史遗迹，但历来有墨客为其留下诗文。清代陈金浩《松江衢歌》云：“袁崧墓道草青青，沪渎红旗尚显灵。错唤平山何处是？行人拾到赏军瓶。”民国初，龙湫旧隐《上海竹枝词》也有吟：“瓶山旧迹未全抛，花插军持更吐苞，想见当年行犊赏，酒酣士气动征烧。”

在瓶山所在地，明洪武七年（1374）由里人沈子文筹建瓶山道院（又称平山道院）。永乐元年、崇祯七年和清乾隆二十年一再重修或扩建。当初，道院建有十上十下楼房一幢，平房十四间，大小塑像数千尊，出家道士二十余人，颇具规模。院内除瓶山外，还有天移井、独脚山门、人影桥、古银杏、花李子丹树等景观。最传奇的是天移井，相传在明万历十二年（1584）某秋夜，在一阵雷雨中，此井竟神奇地自行移到河边，离原址有五六尺，与桥相对，且井之石甃完好无损，泉水口味越加甘甜，人多不解。郡人陆树声（字与吉，别号平泉，华亭人，任礼部尚书）得知后特地为此井建一亭子，立《天移井碑》，大画家董其昌闻讯也书额曰“天移井”。清人唐天泰《续华亭百咏》有一首专吟此井：“移山人笑愚，移井天不测，变化本无端，方叹大神力。”后来，亭子废了，但井一直幸存。秦荣光《上海县竹枝词》也颂其事：“鸣鹤桥头鹤不鸣，赏军瓶积与山平。闲寻院左天移井，亭筑当年陆树声。”国民党元老钮永建题匾“瓶山石径”。

瓶山道院曾有数块古碑。明崇祯九年（1636）《瓶山道院助赡田房记碑》，张肯堂（字载宁，号鲵渊，华亭人，任佥都御史、巡抚福建）撰，翁英书。清乾隆二十二年（1757）《重修瓶山道院记碑》，赵骏烈（松江人）撰，钮光铭（俞塘人）书。

据民国《上海县续志》记载：瓶山道院三教殿围墙上，曾有“敬吾者寿，礼吾者康”八个字。相传，整修大殿时有个乞丐走进院来，道士正忙“不之礼”。那乞丐便拿过黝帚，在墙上疾书八个大字，扬长而去。当道士发觉后，忙追出去想致以谢意。乞丐已不见踪影。墙上的字，苍劲古朴，寓意深刻，后人时常前来描摹，众口赞叹。

1934年，江苏省立俞塘民众教育馆在北桥乡设立瓶山分馆，在瓶山道院遗址重建馆舍，馆长由民众教育馆教导部主任陆盖兼任。天移井加筑水泥栏杆，保存完好。当时三教殿、玉皇阁、文昌阁均已废，唯有斗姥阁及余屋尚存。

抗日战争期间，瓶山道院又遭毁损。留下的部分遗迹有人精心保护，有人却肆意破坏，天移井成了口废井。1959年1月，当地四名职工熏烟捕捉黄鼠狼时，竟烧毁了一株已有五百多年的银杏树。到“文革”时期，瓶山道院被毁得无迹可寻了。

民国时期，这些地标性建筑

颛桥区域内，如今尚保存着几处民国时期的老建筑，在当时也是属于地标性的。比如说民国上海县政府、上海普慈疗养院，以及颛桥镇上最显赫的周家大宅院。周宅虽始建于清嘉庆年间，但周家人风光无二却是在民国年间，那时宅院里住着镇上头号财主周铁铮。如今这些建筑均得以完整保存，并加以修缮，有了新的用途。

民国县府

民国上海县政府旧址位于沪闵路2250号大院内。主体建筑为中西结合式楼房，于1931年5月奠基开工，1932年底竣工。1933年1月9日入驻。1937年11月被日军侵占，遭受损坏。1948年6月，经整修后重新迁入。

旧址大楼坐北面南，砖木结构，中西结合的建筑风格，主体为二层，中部加建一层纵向阁楼，青瓦多坡屋面。南立面为水泥粉墙，窗裙均有简单花饰，右下墙角处嵌阴刻“上海县政府新屋，奠基时中华民国贰拾年伍月伍日”字样，花岗石立碑。正门外筑前挑门廊，四根横排的科林斯柱支承长方形廊顶，上承形似帽顶的刻花山墙。原北墙根处有一块1933年刊立的记迁治建楼的《上海县迁治志略》青石刻碑，今迁至东墙根处重立。

民国上海县政府旧址经修缮后的现貌

1949年上海解放后，上海县人民政府在此建立。1954年县人民政府迁出后，由部队使用。该大楼建筑风貌保持良好，为旧上海市县分治的特殊产物和佐证，也是闵行区境唯一完整保存的旧政府大楼，具有较高的文物和建筑艺术价值。2000年9月，由闵行区人民政府公布为文物保护单位。2006年由闵行区人民政府和原南京军区共同出资完成全面修缮，加固了墙体，复原了建筑的本来面貌。

普慈疗养院

上海普慈疗养院旧址位于沪闵路3210号。1935年6月29日落成开业，占地119亩，房屋50多幢，均为西式风格，砖混结构。始建时仅有医师2

名、护士2名、药师和检验师各1名，下设医务部、社会服务部及医药服务部，设病床300张。

1935年出版的《圣教杂志》（第24卷第8期）在上海普慈疗养院开幕时，做了详细报道：

上海普慈疗养院，系由天主教慈善家陆伯鸿所发起。得公教进行会之筹办及上海市政府公共租界工部局及法租界工董局之赞助。经二年之经营，始于上月二十九日下午三时举行开幕礼。中央社记者特志内部各情如下。

该院处地幽静，空气新鲜，实为精神病疗养最适宜所在。全院占地一百五十亩。建筑费及仪器设备共五十万元。由上海市政府及公共租界工部局各捐十万元，法租界公董局捐助五万元，其余二十五万元由陆伯鸿负责向教会及慈善家募助。目下除徐氏自筹五万元外，尚有二十万元，未有着落。亟盼社会慈善人士，加以援助。

该院房屋共四十座，其中病院部分计八座。每座可收病人四十人，合计八十人（原文如此）。二等病房二座，八十四间，每间可住病人二人，计一百六十八人。三等病房二座，十二间，十六人合住一室，可容一百九十二人。四等病房则特设为武痴用，四壁装有弹簧垫，地上则铺以橡皮，可容四十人。病房一切设备，均为大中华钢铁厂特制之铜戴克多米者。即墙壁及用具色泽，亦分如黄蓝黑等各种不同颜色，以便病人随意选择。每座屋前均有大块草地，周植花木，以备病人游息。据称该院平时可容病人等百人。必要时可扩充至六百人。院旁有自来水塔一座，每日出水五十万加仑，可供五千人之用。

该院院长为陆伯鸿，副院长陆隐耕，院务主任沈曾怡，医务主任韩芬女医师（上海国立医学院神经心理系教授），护士则有法德天主教男修士及美国女修士各二十人。彼等均为欧洲各精神病院中服务多年之教友，医生亦多专家，对病人则中外兼收云。

据陆伯鸿氏语记者，在该院附近，复够得土地二十三亩，拟得待精神病疗养院落成后，另建一肺病疗养院云。

普慈疗养院旧址

至今保存当年建造的二层楼房9幢和教堂建筑、创始人白景明院长墓葬。2003年12月，由闵行区人民政府公布为文物保护单位。2004年被列为上海市第四批优秀历史建筑。

今为上海市精神卫生中心闵行院区。

周氏大宅院

位于颛桥老镇西街8号，今人称“周家大院”。2000年9月30日，“周家大院”由闵行区政府公布为文物保护单位。

民国年间，这里辟为“何元兴号”米行，因此当地人又称之为“何家宅院”。何家后人何慧民（生于1915年）、何敏民（生于1930年）曾实地探寻幼年生活之处，确认这里为祖屋。清末时，何家开米行，有作坊、果园和不少田产。宅院初建于清嘉庆年间，后因火灾遭毁，光绪年间由何氏重建。院落坐北面南，三进建筑间隔两个天井，面阔均三开间，占地总面积四百多平方米。第一进建筑临街，第二进为一正两厢房，砖木结构两

周氏大宅院

层，二楼地搁梁上装饰雕花木板。如今遗存大小房屋二十多间，整体布局仍基本完整。自20世纪50年代以来，先后作为颛桥镇公安派出所、公社文化站、秀龙居委、托儿所及商业用房。

镇上最显赫的周家宅院在北街24号，是民国年间镇上头号财主周铁铮（字惕生）的家宅。周氏家业殷实，其店号为“周义隆”，时有子女十六人。这里始建于清嘉庆年间，光绪年间扩建，人称“周家宅院”、“周义隆宅”。宅院坐西面东，有九间街面房，分设店铺。扩建后，宅内前后有两座仪门，分隔成老宅、新宅两个套院，共有大小房屋数十间，上下二层，主要房屋的柱、门、窗上均有细腻的雕花，庭院中有一棵百多年的飘香金桂，宅后有池塘。当年，楼上住人，楼下作会客之用，还时常邀艺人来唱堂会。20世纪50年代以来，部分房屋先后作为颛桥人民公社机关、公社文化站等公共机构用房。周氏后人众多，仍分居在老宅和新宅内。

因北街24号与西街8号的房子相邻，又长期同为公共机构用房，曾被通称为“周家大院”。“文化大革命”期间，因“周家大院”底楼曾有一间“冷房”装有铁窗栏，被指认为“地主周义隆私牢”，便以“忆苦思甜”样板之名作公开展示，以致房屋属性混淆。

1964年起，北街24号的周家宅院大厅改作“颛桥书场”之用。“文化大革命”期间歇业，1979年恢复，设有二百四十个座位，曾有评弹名家刘韵若、邢晏芝、俞红仙等到此演出，颇为轰动，就此成为供老人们休闲的公共场所已有三十多年。所幸屋梁上的精美雕花图案因当初装饰天花板相隔而避过人们耳目，保存至今。

2010年7月30日，北街24号“颛桥周宅”已由闵行区文广局公布为闵行区登记不可移动文物。

这些民居曾经也风光

周文铨

说起颛桥镇老街民居，稍有特色而有点气派的也曾有十多幢，现尚存的不到七八幢。

原六磊塘神农桥往南百米的“豳风里”，建于20世纪二三十年代，房主姓顾。房屋西洋建筑风格，坐东面西，大门很高、很气派，门楣方框里雕刻着大大的三个阳文隶书字——豳风里，据说是上海名中医秦伯未题写。院落南北二排，各五间，中有东西长方形大天井，南北有高大围墙。“豳风”二字出自《诗经》“豳风”一章，“豳”是古代地名，是周朝后稷的参孙公刘驻地，曾被誉为“荒原开发，人丁兴旺”之地。“豳风里”，曾开柴行、米行、轧花行。50年代中期，这里曾作血吸虫病治疗站。1959年，在修建新沪闵路时，“豳风里”大部被拆除，剩下大门一间房，后来很长一段时间内作上海县消防队用房。

“仁寿堂”，一座飞机型建筑，曾在“豳风里”南百米处，这是为纪念抗日烈士飞行员曹仁寿（颛桥人）而建。由颛桥名望倡议，民众捐款，于1948年建造。仁寿堂楹门柱子用石头砌成，两翼有四间小厅，大厅可容纳三四百人，大厅北端有一小型高台，可作集会主席台，也可在上演戏。20世纪60年代末，仁寿堂成了乡办厂的铸铁车间，90年代建轻轨五号线时被拆除，烈士衣冠冢现已重建于闵行区烈士陵园。

西街中段东杜家厅，坐北朝南，一井院落，天井用大方石铺成。据说杜姓人家，是颛桥最早的落户者之一。杜家大厅五开间，中间靠北墙，有狭长的戏台。出大厅后门是一片菜地。解放初此处曾作过颛桥区政府，50年代中后期，曾作过颛桥乡政府及颛桥镇文化站。现大厅屋架尚存，原貌不再。

北街有“周仪隆”。周宅始建于清嘉庆年间，光绪年间扩建。宅院坐西面东，前后两套院，有正屋、厢房等大小房间数十间，均为木结构，上下两层。西偏房庭院中有袖珍小桥流水金鱼池，还有一棵百年的飘香金桂。周仪隆宅后有池塘，约二三百平方米。池塘南岸有一棵很高大的香椿树，大约是颛桥镇的唯一。解放初五年，“周仪隆”曾驻有中国人民解放军的一个连队与营部。比邻的周家老宅西屋，二进深，曾有砖雕仪门（已毁），东屋一井四合院（尚存）。

西街周家宅院，也有说是何元兴宅院，建于清光绪年间。院落坐北朝南，三进建筑间隔两天井，第二排二楼的搁梁上装饰雕花木板，现存房20余间，现是秀龙居委所在地。2000年9月，被公布为闵行区文物保护单位。

在南街原众安桥下西侧，有倪斌仕（坐堂中医）倪家大宅，坐西面东，面街五开间门面，一进深，正屋与东西两厢房都是二层楼房，长方形天井，正屋面是一排小屋（尚存）。

南街南段陈家住宅较有特色，由当时江苏省导淮委员会工程师陈守廉始建于1935年。院落坐东面西，临街三开间，呈四合院布局，二层楼房相通，俗称“走马楼”。陈宅前后三进，占地约700平方米。面街三开间，50年代中期曾用作中国人民银行颛桥营业所（尚存）。

西街中段沈家宅院，坐北朝南，面阔四开间，前后二埭楼房，中有天井，东西厢房也是二层，房屋高爽，现存完好。沈家曾经开咸肉庄。

西街西段杨家住宅，建于1933年前后，呈“一正两厢”三合院布局，似上海石库门式样，砖木结构，上下二层。上世纪50年代前期曾作过灏桥联合诊所。院落至今基本完整。

西街末稍往北六十米处，有周仲华周家大宅院，坐北朝南，面阔有五开间，有两厢房，两偏房，一进深，东西长方形天井，约百二十平方米，客堂面阔四点二米，总计二十间房，这样大的四合院在灏桥地区也不多见，2010年动迁拆毁，现荡然无存。

选自《五十年代之灏桥琐忆》

六磊塘上两座桥

周文铨

颛桥镇市河六磊塘上曾经也有过两座石桥，一座众安桥，一座秀龙桥。有诗云：小船载鱼鹰，划过众安桥；系缆鱼行下，抬眼秀龙桥。这是市河六磊塘上的渔歌一景。

颛桥镇原有市河六磊塘形似数字“7”，南北长一百多米，东西约六百多米。河上通四座桥，中间是两座石拱桥，东称众安桥，西称秀龙桥，相距近百米。老镇依河成街市，东西街在市河北，众安桥堍东称前东街，桥堍西为西街，西街为长。众安桥，以石为主、砖石混合结构，石头是褐色花岗岩材质，桥上有石栏杆，略有雕刻，不知何时建造。秀龙桥是大青石材质，高耸无栏杆，略显险峻。据传是清乾隆年间建造。两桥都是六七米的单跨桥。

秀龙桥南称河南滩，有人家无街市。秀龙桥北不远处有庙叫福智庵，1949年解放后移用为学校。

众安桥堍南北，无论在上世纪40年代，还是五六十年代，都是店铺接店铺的热闹处。众安桥堍西侧河南河北都有亲水平台，俗称“水桥”，日常里居民走下水桥打水、洗衣、淘米、洗菜。这两处“水桥”是镇上最大。渔船系缆，少女搓衣，或为一景；航船载货，脚夫搬运，甚为壮观。五六十年代桥堍南有饭店、茶馆、照相馆；桥堍北有百货店、杂货店、中药店、五金店、棉布店、文具店、水果店，还有修伞的、修鞋的、修钟表的、理发的铺子，是镇上最繁华热闹处。桥上人来人往，摆摊的有时有捏面人的、卖麦芽糖的，依桥栏可东看神农桥，西看秀龙桥。众安桥桥堍两侧墙上，常有翻新的电影海报——“梁山伯祝英台”“追鱼”“渡江侦察记”“英雄虎胆”等等，曾经吸引着无数想看电影的孩子。众安桥南北是老镇的南街北街，是交通要道，北街上还有派出所、公社办公室，所以1959年夏，为便利交通，众安桥石拱桥上半部分拆除，桥面改为平铺厚木。1969年镇东开挖拉直横沥河，六磊塘市河北填埋，现为灏建路，秀龙石拱桥当时也被拆除。从此，月光水流拱桥倒影不再，江南水乡古镇韵味流逝，美丽的众安桥秀龙桥倩影只留在记忆中。

选自《五十年代之灏桥琐忆》

正在消逝的“马头墙”

吴凯年

马头墙是明清年代汉族传统民居建筑的一大特色，属于徽派建筑的一个重要部分。“马头墙”是一个界域，是文化的象征，历史的注释。

颛桥镇在四百多年前就有了集市，并成为远近闻名的小镇，在老街的温婉情怀里，颛桥人生活了几百年，周遭世事、沧桑变迁，现存老街部分遗留建筑，默默无闻经历了时代的变迁，却总是好像在同后人们叙述着老镇的过去。

我漫步在老街街头，努力寻找着历史建筑遗留的标志——马头墙。马头墙又称风火墙、防火墙、封火墙，是指高于房子两边山墙层面的墙垣，

颛桥老街保留完好的马头墙

也就是山墙的墙顶部分，因形状像马头，故称马头墙。在聚族而居的村落中，民居密度较大，不利于防火的矛盾比较突出，而高高的马头墙，能在相邻居民发生火灾情况下，起着隔断火源的作用，又称封火墙。百年前的上海农村郊区，到处都可以看到山墙是马头墙的民居房屋。可喜的是，在我南街老家，32号的对面，何姓和南邻茹姓两家之间还保存着一垛颛桥老镇唯一的、完整的马头墙没有被拆除，它像时代的见证人一样高高地矗立在南街的中心。马头墙的马头，显示出主人对“读书至上”这一理想的追求。马头墙也有高低错落，一般为“两叠式”或“三叠式”。沪郊地区一般为两叠和三叠。颛桥南街的马头墙就是“三叠式”。马头墙叠数可多至五叠式，俗称“五岳朝天”。马是吉祥物，古代“一马当先、马到成功、汗马功劳”等成语都显示出了人们对马的崇拜、喜爱和追求。

百年前，颛桥地区富人家造房子，两边山墙顶不用马头墙同样达到防火、封火效果的都砌成n形状的也有许多，像已经拆掉的镇角六磊塘对浜“马家塘”“徐家墙”等民居都有高大的“七路头”n形山墙。在漫步寻找老街马头墙时，我有幸发现了在西街原颛桥幼儿园西面，西街162号杨宅，街上还存在着老镇唯一一幢两边n形山墙的楼房，它工艺出众、结构独特、历经百年而风韵犹存，实属建筑精品。

随着社会发展，老街或许会在一定的时期内改造或者消失。为了满足怀旧、忆旧而保存一垛马头墙、n形山墙也不大可能，但在它们还存在的有限时间里，让我们的后代去熟悉、了解它们还是有必要的。若干年以后，回过头来看看我们的生养之地，就不会感到遗憾，因为颛桥老街建筑中正在消逝的“马头墙”，它们也都是属于一种颛桥老街文化。

选自《五十年代之颛桥琐忆》

小辰光最喜欢白相的地方

柯梦云

颛桥老街上有条颛建路。

颛建路是条很老的路，如今车流密集，两旁各类小商铺鳞次栉比。因南大街北大街横亘其中，使周边环境更显得喧闹而凌乱。

这条很老的路上有个很老的电影院——颛桥电影院。门口栽有两棵巨大的香樟树，其树冠已远远超出影院的建筑高度。

老电影院已经关门歇业5年了。2014年3月，颛桥镇在颛兴路都市路路口新建了文化中心，内设功能更全、设施更好的影剧场。于是，也就可

颛桥电影院

以这么说，如今的颛桥电影院就是一座人去楼空的老建筑。每天，它注视着颛建路上的车来人往，有一种无奈和落寞。

“比我岁数还要大的电影院”

用住在颛桥南街的阿杜的话讲，“颛桥电影院比我的岁数还要大。”他告诉记者，小辰光他和小伙伴们最喜欢白相的地方，一个是位于北街的茶馆，那里有说书的，讲《三国》、讲《水浒》，听着好听，另一个就是电影院。

的确，论成立时间，颛桥电影院在闵行地区也算是比较早的——1976年，至今有近40个年头了，说起来颇有种岁月的沧桑感。当然，那时的颛桥应该称上海县颛桥公社，年纪轻一点的人，尤其是不了解本地区原是“撤二建一”，在1992年成立了新闵行区的话，就会云里雾里的。

颛桥电影院，内设1300个座位，在当时规模也算是颇大的。影院共安排了14位工作人员，其中不乏有经验丰富的电影工作者，他们齐心协力，把影院打理得井井有条。

1978年改革开放初期，国产片源比较单一，公开放映的翻来覆去都是些老片子，甚至连《地道战》都会不时拿出来放放，但观众还是乐此不疲。相比之下，他们更喜欢看香港武打片，鼎盛时期一天放映场次竟达七八场，有时还会通宵放映。

在莘庄工业区某外资企业做驾驶员的李进说，他当时还在颛桥中学读初中，为了买《少林寺》的票子，叫了班上的几个同学逃了课。课余时还学李连杰打醉拳，劈砖头，男同学都觉得自己是武侠人物。“那时候能看场电影真‘轧劲’啊。”李进还告诉记者，他谈女朋友，第一次约会也在颛桥电影院。看完电影，又去街上的一家馄饨店吃了碗馄饨，问他看了什么电影，他搔搔头皮，憨憨一笑，说不记得了。

其实，那个时候除了这样的正式公映片，还有一种影片叫“内部片”，也就是现在我们口中的“枪版”电影，以前能够坐在电影院里看“内部片”，这绝对是一件让人兴奋的事，更被旁人所羡慕。“内部片”是一种还没经过审核的非公开片源，没有正式名称，在上海，它由市电影发行公司发到各区县电影发行公司，而后再交给各电影院放映。1980年出品的香港武侠片《白发魔女传》就属于“内部片”。据颛桥电影院负责人赵永明回忆，当时闵行地区其他电影院还没有放映这部电影，观影者无比兴奋地从周边乡镇涌到颛桥电影院先睹为快。电影两个小时一场，晚上轮流放映，直到凌晨两三点观众席上还有人。

颛桥镇已在文体中心新建了剧场，曾经风光的颛桥电影院等待重生

上世纪80年代，每年大概有200部国产片投入市场，一毛五分一张票，利润很低。影院因为是自负盈亏，所以单靠国产片肯定养不活，于是每月便不断引进新片源，进口片如《茜茜公主》《多瑙河之波》……这些片子的上座率远比国产片要好。那时影院月收入最高可达七八千元，算是相当不错的业绩了，淡季则一般在4000元以下，但只有保持在2000元以上影院才能保证不亏本。

电影放映员是“风光”的职业

那时电影院和食品站一样，特别吃香。因为农村没什么文化娱乐活动，能到电影院看场电影就会很满足。据颛桥镇文化中心的剧场管理负责人方其昌回忆，他在颛桥电影院做美工时，晚上七八点就会有不少人跑到他家，来让他帮忙，订位置好的或紧缺的电影票。“就是走在街上，路过卖肉的店铺，只要我上前打声招呼，叫肉老板帮我留点肉，老板总会切块最好的给我。”方其昌笑着说。

当然，在电影院工作，风光的背后，其实也很辛苦。除了加班加点，每月的技术培训、例会、通报会不断，做得不好也会被观众投诉，好在颛桥电影院几十年来并没有发生什么放映事故。“作为颛桥电影院的一员，我感到很自豪。”当时集放映、电工、美工和业务工作于一身的朱梦章说，“跟现在数字放映不同，以前还是胶片电影时，从电影公司拿过来的片子要从头到尾先看一遍，若发现有毛刺得赶紧剪掉，不然正式放映时就会影响画质。”他还说，新片放过200多场后胶片就开始不紧实了，很容易扯断，因此放映过程中一刻都不敢懈怠，紧盯着银幕，一旦断开要迅速用胶

放映员朱梦章感慨昔日影院的辉煌

水把两头粘好再继续播放，他说这才是一位合格的电影放映员应有的修养。不过胶片也是有寿命的，当放到300场时，基本上就报废了。

当时，因为影片拷贝数量太少，闵行的几家影院都合用同一套胶片放映，由跑片员骑着摩托车负责取送。跑片，是过去电影院的行话，跑片员通俗地讲就是影院之间的“快递员”。

每部电影大概10盒胶片，每盘胶片约300米长，能放映10分钟。若两个影院同放一部电影，起码得有一定的间隔时间。比如莘庄电影院定于8点放映，颛桥则推迟到半小时后再放，一个跑片员从莘庄到颛桥最快需要12分钟，如颛桥提前至8点15分放，那就需要配备更多的跑片员了。有时颛桥下面还有马桥，莘庄也可能还有上家，最多时竟有五六处同时放，这就要考验跑片员的素质了。一般10分钟放完一卷后，就要暂停一两分钟才能换好片。有时跑片员没有及时赶到，影院只要拉出一块“稍安勿躁”的木牌安抚人心，这时观众们唯一能做的便是努力克制耐心等待。经过这番折腾，一部原本90分钟的电影往往要放将近2小时，这在现在是无法想象的。

“这个月过完下个月还没着落”

颛桥电影院除了放电影外，还引进了歌舞表演。改革开放后，演出成了一笔很大的收入。90年代开始，随着电视机的普及，看电影的人越来越少，关键是影院跟不上观众需求了，而且好电影又不多，正因为此，人们更愿意在家里看电视。影院的路越来越难走，经营每况愈下。方其昌对那种“这个月过完下个月还没着落”的辛酸滋味记忆犹新。

颛桥电影院在后期也曾有过一段小小的回升。那时正好在建设莘庄工业区，涌来了很多外来务工人员，他们没有电视机，于是去电影院成们主要的娱乐休闲选择。颛桥电影院依靠着这些外来务工人员，勉强风光了一阵，但终究好景不长，不久观众变得越来越少，每场往往不到10个，票房收入连交电费都不够。影院勉强撑到了2010年，直到上海世博会时正式关门。

如今，人去楼空的颛桥电影院，只剩两位24小时轮流值班的职工，记者伫立在影院门口也很难捕捉它往日的风采。而同样遭此境遇的还有位于颛桥西南的马桥影剧院，如今早已面目全非。虽然“马桥影剧院”繁体的招牌依然矗立在影院外，但原先的大红色现已发黄，接近黑色。二楼的玻璃很多都碎了，过道里灰尘满地，散乱着一堆堆的资料。倒是放映室里的设备还算整齐，静静地矗立在黑暗中，似乎向我们诉说着昔日的辉煌。

这些老电影院曾经带给当地百姓许多欢乐，如今沦落到这般地步，让人不得不感怀岁月的无情。难道这就是这些老电影院最后的归宿吗？

光华路概念

杜　晶

在闵行区文化创意发展规划图中，颛桥镇“光华创意街区”的概念着实让人眼前一亮。

文化之乡的创意产业

在区域统筹，创新转型的大趋势下，闵行区各个街镇充分挖掘利用

“聚小成大”“聚沙成塔”，颛桥镇从基础创业开始积累优质文创资源

自身在产业、空间、区位等资源优势条件，"八仙过海，各显神通"。近年来，在环境优化、政策引导下，闵行区文创产业规模不断扩大，对地区经济发展贡献不断增强，并且文化创意产业集聚区建设进一步加快。说起创意产业，记者脑海里都是些现代化艺术气息浓厚的地方：纽约SOHO、巴黎左岸、北京798、上海莫干山路。而位于闵行区域中部的颛桥镇，则积极推进文化创意产业的发展，打造"文化之乡，创意之镇"。曾经以传统农业为主，散发着浓厚淳朴乡土情怀的颛桥，如今要发展"高大上"的现代文化创意产业，哪来的底气？

带着种种疑虑，记者来到了颛桥镇创意办。说起颛桥要打造"文化之乡，创意之镇"的决心，创意办的工作人员打开了话匣子，根据闵行区"创新驱动、转型发展"的总体战略要求以及全国文化创意产业蓬勃兴起的良好态势，颛桥镇党委政府审时度势，积极应对本地区发展中的瓶颈问题，结合自身在产业基础、文化底蕴、空间资源、区位优势等方面的条件，2012年成立了镇级"推进创意产业发展领导小组及办公室"，提出了"整合资源，发展创意产业"的构想：创新发展的理念，通过挖掘整合镇内外的各种资源，将创意与科技、文化、市场等创新要素相融合，促进"产业创意化、创意产业化"，营造良好的创意氛围，通过"创意促创业""创业促创富"，不断创造生机勃勃的创意生产力，推进文化创意产业逐步成为全镇的一项重要产业的目标任务。

"我们从今年（2016）7月开始举办了一场为期近半年的金点子大赛，前几天刚举行了颁奖与签约仪式。目的是希望通过这些比赛，挖掘更多优秀创业项目，激励广大市民的创新意识，真正把创意颛桥的理念推送出去。"创意办工作人员张罗霞对记者说。

“金点子大赛的受众还是有限的吧？能起到有效作用吗？”记者提出疑问。在记者的感觉中，随着近几年火热的“创客风潮”，各类乘风而起的金点子大赛数不胜数，但最后大多草草了之，没有实际的效果。

张罗霞笑道，“其实金点子大赛一方面是鼓励居民的创新意识，但更大的收获还是来自参赛者。闵行本身是一个人才资源非常丰富的地区，区域内有两所985高校，还有庞大的外地来沪人才资源，这次的金点子大赛，这两部分人才成为了创业组的支撑力量。通过这次比赛，专家组评选出一部分优秀项目，官方扶持，给予优惠政策，将他们引入颛桥本土的产业园、文创园。这些‘潜力股’都将成为未来颛桥文创产业的主力军。”

据了解，目前，颛桥区域内有文化创意类工商企业户数200多家，涉

颛桥镇创意产业蓬勃发展。图为总部1号园区

及“文化传媒”“建筑设计”“工业设计”“咨询服务”“时尚消费”等几大创意产业类别。其中，闵行东方有线、千年城市设计、高诚艺术包装等16家文创龙头标杆企业通过创意、科技、文化与市场的有效融合，都呈现了良好的发展势头，5家企业成为镇50强企业。截至2016年上半年，16家文创类企业实现销售收入6.79亿元，增加值1.57亿元。

脏乱差的光华路正华丽转身

谈到文创园区，记者兴致浓厚。张罗霞说，光华路文创园区值得一看。

走进光华路68号，记者便被这座由老厂房改造的园区所吸引，这里的建筑外观以白色为基调，路面用碎石铺设而成，道路两侧都种上了绿色的植物，给人一种生机盎然的感觉。

光华路最初由一条乡间小道发展而成，从上世纪八九十年代始，这条路就如它的名字一般辉煌一时，有许多市、区、镇级企业在这里发展壮大，产品甚至走出了国门……随着时代发展及其他多种因素，近些年，光华路已经失去了昔日的光芒，呈现出“业态低端、形态脏乱”的状况，近50万平方米的废弃厂房、仓库、商铺成了一大难题。在“创新驱动、转型发展”的大形势下，光华路急需“华丽转身”。

园区投资方负责人说：“光华路起初环境十分脏乱，还有很多无证摊贩，违法建筑更是数不胜数。”现在，“光华路文化创意产业集聚区”的建设推进被纳入了“上海市产业园区转型升级试点”，未来将建成以文创产业为主体，集产业、城市公园为一体的综合型创意街区。今年上半年，光华路区域进行了为期四个月的五违整治工作，通过坚决拆除各类违法建筑，严厉取缔无证经营、拆除违规店招店牌、整治破墙开门开店等工作的开展，改善了光华路沿线市容面貌，全面提高了光华路创意园区周边市容环境水平。目前，光华路68号文创园区、689号元谷创意园等文创产业园试点项目基本建成，电子竞技、模型赛车、新媒体制作、机器人研发等一批“互联网体育”“科技与研发设计类”“文化艺术与传媒类”新兴产业项目被陆续引进。

2016年，闵行区资产经营公司与颛桥镇合资成立了上海光华创意产业发展有限公司，这是闵行区开展区域统筹的举措之一。光华路沿线将开展景观改造，整体提升光华路的形象，实现化蛹为蝶的蜕变与升华。

汇聚优质文创资源，打造“创意之镇”

记者了解到，近几年是颛桥镇文化创意产业园区的建设高潮，在区域统筹、“腾笼换鸟”的大趋势下，一大批基础设施完善的老厂房通过“三旧改造”变身为各类文创园区，从上海云部落TMT产业园、元谷文创园，再到去年确定的试点项目——光华创意街区。今后几年，颛桥镇文创产业将围绕镇“十三五”规划“一廊两带三核五圈”的空间发展战略构想，以闵行南部科技创新中心、先进制造业重要承载区、现代服务业潜力提升区、智慧生态宜居区的功能定位，以加快经济转型，提升城市品质为主线，努力提高文创产业在全镇经济中的比重。重点将依托“光华创意街区”“剑川路商务区”“元江路商务区”、轨交沿线商业商务综合体等区域重大项目的开发建设，继续挖掘、整合现有文创资源，引进优质外部资源，提升文创产业能级，逐步形成若干个有影响力的主体文创产业链。继

光华路63号文创园区

续推进文化创意产业特色园区的培育发展，促进“文商旅”的进一步融合发展，逐步形成产业集聚效应。进一步深化“文金合作”对接，助力镇文创企业发展壮大。

看着逐渐建设成熟，欣欣向荣的光华路，记者不禁想到了伦敦著名的创意产业集合地之一的HOXTON。那里曾经也是整个伦敦最low的地方，现在却集合了各种小画廊、小音乐公司、小影视公司、小数码公司等等，成为伦敦最时尚小众，最有看头的新兴文创园区。它代表了创意产业中一个核心概念——Small is Beautiful。创意产业靠的不仅是垄断巨头，更要靠这些小微企业。小微企业在这个成本低廉的地区集合，形成独特产业链，对整个创意产业起到了不可估量的巨大作用。

“聚小成大”“聚沙成塔”，从基础创业开始积累优质文创资源，打造“文化之乡，创意之镇”，颛桥准备好了。

第二部分

如烟往事细思寻

老街生活素描

南北街市成风景

老镇街市如何形成，外来人口对城镇发展的贡献，这是一个饶有兴趣和有意义的话题。

改革开放以后，颛桥建设了许多条新街市，然而老镇风貌七成依旧。虽然横贯东西的市河六磊塘被填埋建路，前东街及彭家河埠、河南滩被拆或改建，但是南北老街和西街基本格局未变。

颛桥北街长约近百米，百年来主要有张姓、周姓两家。张家人丁兴旺，后辈颇有业绩。祖上张蒙东来自江西，在太平天国后期（1860年后）落脚颛桥镇北张家塘（光华路农业银行处）。字张蒙东始张家至今已有六七代。北街东侧张家街面房连续有六间，大约建于上世纪初始年代。张氏家族第三代有张凤三、张风硕、张风皋，同族有张德堂、张德明、张寿南、张寿杰……，其中二户开过米店，一户开烟酒店。张氏族人在后东街南侧也有四间平房，房屋南还有一块菜园。南侧有张德明、张寿南住宅。张家名人有张翼（张凤三），办小学教育、办民众教育，参加湖南衡阳抗战，曾蜚声江南。张翼父亲张国华是同盟会员，在上世纪初曾创办颛溪学堂。20年代中期，张翼继承父志担任颛桥小学校长，扩大校舍、增设高小、创新教育，后来又到南京晓庄师范深造，回来热心办民众教育。张翼侄儿张寿钰上世纪60年代曾任颛桥文化站负责人。

北街西侧一大半房屋是周姓人家，有曾是颛桥镇首富周仪隆周家、以及周家老宅与新屋。周家老宅街面房有四间，二进院落，有二重仪门，建于一百几十年前；新屋街面房五间，一进院落，上世纪20年代翻新。先祖从周松润始，有据可查的已有七八代，周氏第三代周承郁一脉有家谱记载，子子孙孙先后累计有一百多人。上世纪四五十年代，北街有周长龄家开的染坊、周秋生家开的布庄、花边手套社。50年代，周杏生有一间房出租给张老板开鲜肉庄，周秋生有一间房出租给曹行人叶老板开打铁店。

“周仪隆”先祖何来，笔者不详。“周仪隆”始建于清嘉庆年间，光绪年间扩建。宅院坐西面东，前后三套院落，有正屋、厢房等大小房间数十间。上世纪50年代头五年，“周仪隆”曾驻有中国人民解放军的一个连队与营部。60年代用作颛桥公社办公地。

南街东侧有许多陈姓人家，先祖陈德昌夫妇与光绪七年挑着货郎担从江苏丹阳到颛桥南街落户，后做买卖面粉生意。生有陈金书、陈守荣、陈守廉等三男三女。一百三十多年来，陈家子子孙孙近百人。上世纪初，陈金书、陈守荣翻建房屋，在南街北段造有街面房六间，前店后工厂，经营米业、面制品业，有多种经营碾米、碾面粉、摇面条、馄饨皮及轧棉花等，上世纪50年代前期在南街还可以看到手摇面条、馄饨皮，看到脚踏机轧棉花。陈守廉是水利工程师，解放前曾在江苏省导淮委员会工作，解放后在长江水利委员会工作，生有5男3女。上世纪20年代在南街中段造起了三开间门面的走马楼（是镇上最漂亮的一幢楼），楼东边又造二排平房，先后造了七八年。上世纪50年代前期，陈家三间街面房曾用作中国人民银行灏桥支行营业所，也成南街一道风景。

风味小吃好吃来

上世纪五六十年代，小镇上的人却喜欢一副大饼油条作早点，刚出炉的加葱的咸味烧饼特别香，加豆沙的甜烧饼特别美。当时西街的许记油条烧饼铺，很受人欢迎。经济宽裕一些的人往往以吃一碗阳春面或一碗肉馄饨为满足。镇上小吃，记得在众安桥堍北有卖“粢饭团”的摊子，用勺子盛一团热乎乎糯米饭放到一块布上，摊开放上一根三折的油条、一些糖，然后用手把布中的糯米饭合成一团，收你一角钱。“粢饭団”吃在嘴里，又糯又甜又香。一清早街上还有走街串巷的豆腐花担，担子一头是一锅雪白的热热的豆腐花，下有烫烫的小炉灶；担子另一头的小桌子上存放着切碎的葱、榨菜末、虾米皮、碗盆、调羹。当碗里盛上豆腐花，浇上辣油，放入碎葱、榨菜末、虾米皮，吃到嘴里，那味道忒鲜美，最让孩子们嘴馋。西街还有刘老板做的糯米粘圆子，即鲜肉馅圆子外皮粘有糯米，在蒸笼里蒸熟，称粘米圆，鲜香可口，爱买的人可多了去。

最让老少喜欢的是海棠糕、梅花糕。上世纪五六十年代在南街、北街上都有得卖。海棠糕俗称鸡蛋糕。制作海棠糕，需二个圆形炉子，直径三十多厘米，高约四十多厘米。炉上放二个铁制的做海棠糕的器具，一是有柄的平铁板，另一块上有七八个眼子，眼子高约两公分，直径约三四公分。眼子里先放入发酵过的面粉糊，再放入一勺甜甜的赤豆沙，再嵌一块小小的猪肥膘，盖上铁板，在炉火上烤四五分钟。当海棠糕飘出香气时，翻过平铁板，抹上油，洒一些红糖，再把烘熟的发着香味的海棠糕倾倒在铁板上，霎时听见滋滋的响，并冒出香香的热气。翻过一只只海棠糕，糕面焦红、喷香。买了海棠糕往往先尝尝那甜甜的香香的糕面子，再咬一口糕，那入口的猪油块、赤豆沙，味道极美。现在已经很难见到与吃到这样美味的海棠糕了。做梅花糕的器具略同，不过是铁具上的眼子更深，梅花糕是锥形的，糕额头面呈梅花形，馅大多是甜豆沙。

许许多多小吃摊小吃店后来组成合作商店，西街、南街、后东街都曾先后开过供销社的、合作商店的饭馆、饮食店。饮食店卖汤圆、酒酿圆子、阳春面、大、小馄饨、油条、大饼、粢饭糕、豆浆。当九月九重阳颛桥镇举办城乡物资交流会时，南北商贩汇集摆摊，那就有更多的特色风味小吃。

颛桥民俗，往往是大年初一吃汤圆，寒食清明吃青团。五月端午节前，家家裹粽子，一般是赤豆粽、大肉粽，也有白米粽，那是需要蘸着白糖吃。八月中秋，包圆子吃汤圆，也做塌饼吃塌饼。九月吃重阳糕，重阳糕往往从店家买来，那是桶蒸糕，圆圆的一大块，内里间隔有红糖带，有的重阳糕嵌有红绿丝、枣子、蜜枣，非常香甜。过年前，许多人家会蒸方糕。做方糕是件费力事，一个木格方盘，做25块糕，糕粉用白糖水漱过，这样的糕是甜的，也有在方糕内嵌入甜豆沙的。在糕上图案压模后，几个方糕盘相叠，放在沸水锅上蒸。几盘蒸熟了，就换上新做几盘蒸。蒸熟的方糕上，还要点红。做了糕，往往还要送亲戚朋友家。

颛桥的小吃民俗，也是江南通行的民俗。如今这些民俗已经渐渐失去了人们一家老少团聚制作的温馨场景了，因为现卖方便又少空闲时间，于是大家买来吃的多，但又少了许多乐趣。

书场茶楼人气旺

过去茶馆、书场曾是中老年人的酷爱之处。今天繁盛路西端的颛桥公园里仍有茶馆和书场，一壶香茶一场书，吸引了不少中老年人。

20世纪50年代社会主义改造之前，颛桥镇东西南北街上大大小小茶馆有十多家。茶馆，曾经是社会各色人喝茶休憩处、商谈生意处、家长里短调解处、听评弹说书处、社会新闻传播处，也是老农交流农业生产经验处。

解放前较大的茶馆有“望月楼”，在众安桥堍东侧，傍河，楼上约有四间，可喝茶打牌，在解放二三年后就歇业了。“望月楼”东十几米处，五六十年代有吴忠杰等开设的茶馆，坐北朝南二间门面，曾不时邀请艺人“唱上海滩簧”、评弹等，曾经热闹过一段时光。

后东街，胖子曹土根开的茶馆，一座大草棚子，面南朝北，六开间门面，西端第一间是烧开水的老火灶与搁置几百茶壶的空间，这是50年代最为热闹的一处茶馆书场，以下午茶为最。曹阿土经常邀说书艺人来说书，所以喝茶听书的人济济一堂。说书人抑扬顿挫，眉飞色舞，配以一筷一钹有节奏打击，听者无不入情入境，津津有味。说得最好的书是《水浒传》，听众赞词不绝，连未上学的小孩也杂在期间听得津津有味，一天也不少来。当然，我也是常客，七八岁开始就爱听说评书，最爱听《水浒》。

西街东段，有吴穆祥、吴国祥兄弟俩开的茶馆，坐北朝南二间门面，一间为老火灶，卖开水一分钱一瓶；一间为茶室，茶客较少。西街西段，50年代曾有顾炳余开的茶馆，那里有小剧团演戏，当时很吸引人。60年代，西街王家木桥东侧曾经是供销社经营的茶馆，靠河三开间半门面，也经常邀请评弹及说书艺人来演出，有日夜场，听众满堂。其中一部《珍珠塔》非常卖座，每场收入，是艺人与茶馆分成。

南街，众安桥堍往南二十米处，在60年代也是供销社经营的茶馆，经营者有张杏花等人，二开间门面，二进深，每日下午有说书，一部《杨家将》《英烈传》牢牢地吸引住听众。中国历史文化与儒家道德，就这样通过茶馆书场得到广泛的传播与民众的认同。

六七十年代，北街与后东街转角，有供销社经营的茶馆，四开门面，曾经大大的热闹过一阵子。我家小楼距离茶馆约二十多米，隔着窗凌晨三四点钟就能听到茶馆里的鼎沸人声，这个茶馆的常客多的是老农民和生产队干部，他们谈论交流的大多是农业生产和社会新闻。这个茶馆也常常请艺人说书，现在仍有茶室，但已式微。

茶馆书场曾是小镇热闹处、休憩娱乐处、文化传播处，让人回味，深留记忆中。

中医药店有年头

20世纪50年代初期，颛桥镇中药店有四家：西街东段有薛记中药店，西街中段有徐记生生堂中药店、陆记中药店，北街众安桥下有楼天成中药店。据传，楼天成中药店在上海县有三百年历史。1956年社会主义改造后，在北街原楼天成药店原址创立公私合营的颛桥国药店，四开间门面，有干部、职工10人，经营国药和中西成药。

颛桥镇行医者甚多，民间有杨阿太专治小儿口疳，张伯琴外科一把刀之美传。陆鸿盛家族陆光莘医学院毕业，任职北京协和医院，曾是中国科学院中医研究所研究员、全国政协委员。1950年7月，颛桥镇行医者成立颛桥第一联合诊所，当时的召集人是师从上海有名中医秦伯未的杨永钊医师，联合诊所设在西街西段杨家宅第。杨家宅院，临街有五开间平房，二井深，一井有东西厢房各四间，二井是石库门式的楼房，是卫生院的门诊室。颛桥镇的几个中医杨永钊、周景初、张伯琴、张关民、陆光明、乔国华、蒋菊芳（小儿科医生）都在此行医。该联合诊所至1956年12月改名为颛桥镇卫生所，后即迁至汇通路豳风里。中医杨永钊、陆光明，后来都在上海市第八人民医院坐堂看诊。稍后成立的颛桥镇第二联合诊所有7人，主要从事血防工作。

解放初期肆虐的疾病是霍乱、血吸虫。六磊塘神农桥南的“豳风里”，曾作过血吸虫病治疗站。“千村薜荔人遗屎，万户萧疏鬼唱歌。”血吸虫曾肆虐江南，其状惨烈。血吸虫病患者脖子手脚细，圆滚滚腹部大，腹泻不止肝硬化，治疗迟缓即死。血吸虫病由人接触河水、水田中的毛蚴而患病，水中毛蚴由粪便中的虫卵流入河中寄生钉螺而生成。治疗血吸虫病与消灭血吸虫是当时的一件民生大事。当时在县、乡政府领导下“豳风里”血防站不辱使命，从全民检查粪便查找病人做起，在农村宣传发动农民整治河道灭钉螺、加强卫生管理粪便，并大力治疗血吸虫病患者。那时“豳风里”门前车来人往，极其繁忙。当时中医中药在治疗血吸虫病中发挥了重大作用。后来有一部反映血防工作的电影《枯木逢春》曾轰动一时。“天连五岭银锄落，地动山河铁臂摇”。在共产党领导下，江南广袤农村大打防治血吸虫病攻坚战、歼灭战、持久战，终于取得了辉煌战果。1958年6月30日深夜，时在杭州的毛泽东从当日《人民日报》欣闻江西余江县消灭了血吸虫，为千千万万群众从旧社会遗留下来的苦难里获得新生而心情激动，竟夜不能寐，在微风拂晓中书写“送瘟神”七律二首，以“纸船明烛照天烧”欢逐瘟君。

打铁铺里叮当响

20世纪50年代手工业合作化之前，颛桥镇上有5家打铁铺：西街东段有刘记打铁铺，坐北朝南二开间门面；西街中段有富记打铁店，一间半门面：西街西端新六磊塘桥下有张记打铁铺，坐北朝南一开间门面；在北街北端，三官阁前有叶记打铁铺。打铁叮当响，节奏感强。叶家打铁铺约三十平方米，有火炉、风箱、铁砧、水桶及各种大大小小的铁锤、铁钳、铁钎。墙上挂着打制好的四时农具、家用刀剪……既是广告宣传，也是产品陈列。叶家雇佣二个伙计，他们打铁时，老远就能听到叮叮当当的铁锤声。叶老板瘦长个儿，他手拿“令锤”在铁砧上敲打，这是发信息，敲两下是开始打，敲一下是继续打，连续“叮叮叮”几下，就是暂停……叶老板一手掌钳，一手握锤，从炉子里钳出一块通红的铁坯，根据产品形态，不停地翻转手里的红铁坯，发出指令，指挥徒弟用大锤狠狠锤，他自己也偶尔加锤修正，于是一件件农用具、生活用具在他们的手中神奇地创造出来。我小时候常去看打铁，只见铁砧上火星飞进，炉膛里烈火熊熊，加工物件淬火时，吱啦啦声响，“硝烟弥漫”，散发出来的刺鼻气味，简直就是打铁铺特有的“广告”。

农业生产用的锄头铁耙镰刀，日常生活中用的菜刀火钳门搭……这些对农民来说都不可缺少，大都由打铁铺制作与供给。手工业合作化后，镇上大小铁铺合并一起，工场设在前东街傍河一排房，约五六间，建有八九座火炉，约一二十个工人。生产规模大了，来料加工物件也就多了。

自产自销也知足

农业文明时代，往往是乡村围绕着一个集镇，形成自产自销自给自足的经济生活。颛桥镇20世纪50年代中期以前的社会经济生活也是如此。

当时，颛桥老街周围是广袤的田野，许多村民村庄散落其间，有四五户一村的，也有十几户一庄的。镇上居民大多经营小商业、手工业、小企业，有180多家。

那时，农民种稻麦油菜。水稻，有早稻晚稻之分；麦子有大麦小麦之称。产量都不高，亩产约三四百斤。镇上有碾米厂，大多在镇西。西街王家木桥河南有王万长碾米厂，六磊塘河北有张永丰、顾永丰、姚永丰碾米厂，前东街有大隆碾米厂，六磊塘河南有朱姓碾米厂，后东街六磊塘河北有徐胡子碾米厂。农民将稻谷碾米后或自吃或卖钱。镇上有米行，西街有傅家豆米杂粮店、马友亮米行、周姓米行，北街有两家张记米行。镇上居民买米一般都到米行。那时称重的量器一般用“合”“升”“斗”，数量大的用大杆“秤”或“磅”。镇上也有磨麦子的作坊，南街有陈记磨面作坊，还兼摇面条、馄饨皮；后东街六磊塘河北有吴耀祥面粉厂。那时家家户户用“灶”烧饭菜，大灶还配风箱，以增加火力。烧的柴，也可从柴行买得。我记得后东街就有一家柴行，买进卖出。

农民种大豆、油菜籽以榨油。镇上前东街有源馀油坊、神农桥河南有恒丰油厂。源馀油坊出油率高，油品好，远近闻名，产品远销松江地区。源馀油坊先有大水牛拉动石磨盘在槽里压榨油，后来也用机器榨油。我记得那时的菜油、大豆油特别的香。

农民种棉花，九十月收获后，先要晒干，然后到镇上轧花厂去棉籽，再去弹棉絮、搓棉条。接着老少妇女一个冬春的纺纱与织布。做衣裳，往往把裁缝师傅请到家，住上三四天，缝制一家大小的一二十件衣裤。农民有多余的布，还可以通过镇上的布庄与中介买卖。北街我家隔壁的马公寓先生就是看布定价的中介。

农民养牲畜家禽食用，宰杀可请人宰，也可到镇上的屠宰场宰杀。西街王家木桥北金家住宅旁有张记杀猪场，金家住宅前的空地，曾经逢期开放小猪市场。镇上有多家肉铺，南街汪家既宰猪又卖猪肉，北街有张老板肉铺，西街有吴记咸肉庄、沈记咸肉庄。宰杀黄牛在颛桥镇北二里地的一个村外，我看过宰牛，先是用大铁锤把牛打晕了，再用尖刀放血，最后剥皮、捞内脏和割肉。

农民、居民日常生活中的酱醋盐糖酒、南北干货、烟纸、竹木铜铁制品，镇上有小商小贩、手工业者经营。人们的文化娱乐往往在茶馆书场，逢年过节，也常有民俗活动，如庙会烧香、施老爷出会、重阳节场、舞狮子、绕龙灯等。镇上从十九世纪初就有国民小学，富裕人家子弟也一般都上学校学文化，尤其注重学算术和打算盘。

那时，农村集市的社会经济生活就是这样自我运转，特点是自产自销、自给自足。

选自《五十年代之颛桥琐忆》，作者周文铨、陈振华、张寿钰等

本地庙会是怎样形成的

张乃清

北桥庙会的由来

传统庙会，本地俗称“出会”，称赶庙会为“赶节场”。每年农历三月二十八日，北桥老街举办庙会。清代《上海明心寺志》记载：“各岁每至三月二十八日，各乡各镇男女，大小摩肩接踵而来，不下万计。或云，昔石函大士以是日从秦望山归，而大众踩亭鼓吹，香花迎接。故迄今习俗相沿耳。”

而本地有一则美妙的民间传说，这样叙述北桥庙会的由来：

明心教寺的开山和尚大通禅师圆寂后，寺僧修筑华严塔安葬。后来乡人发现，塔脚边有不少旱螺蛳，只只又细又长，闻有香味，拾之不尽，深感奇异，广泛传染。于是，有人煞有介事地说：当初，大通禅师圆寂后，小和尚按照佛门规矩，把他的尸体盘膝坐在荷花缸里，上面合上一只荷花缸。这“合缸柩”安放妥当后，四周砌砖，建成华严塔。因塔脚潮湿，天长日久，每逢春季黄梅天还潮时，自会长出小螺丝来。相传，某年三月二十八日，有个看护华严塔的小和尚，突然起了牙齿痛。虽说牙痛不是病，但是痛起来真要命。他看见那种小螺丝，就顺手拾一只来剔剔牙齿。想不到，剔了一息，牙齿竟不痛了，还透出一股香味。小和尚又惊又喜，告诉众人听。大家半信半疑，抢着一试，果然嘴里又香又适意。消息传开后，乡间凡是患牙齿痛的人，都会赶来拾香螺丝。每逢三月二十八日，来拾螺丝的乡人，排得有半里路长，说是"拾之剔牙，一年不痛"。而令人惊奇的是，这种香螺丝，拾死拾煞拾不完。于是，北桥庙会应运而生，历代不衰。

颛桥的重阳庙会

1922年入秋时节，沪闵公路基本筑成，通车在即。公路自闵行老镇而来，途经颛桥镇东转弯后，通向朱行、龙华、漕河泾等镇，可直达上海南市国货路。沪闵南柘长途汽车公司在颛桥镇东设车站，极大改善了当地的交通状况。

颛桥老街商界人士为此心潮涌动，预感到发展的好时机必将来临。而眼看稻米已经收割，农事进入"秋落档"，若是老街上趁机办个大型"节场"，四乡农民自会来"轧闹猛"。何况，沪闵公路已连接城乡，说不定城里人也会来"看闹猛"。北桥镇凭借明心教寺的声望，每年农历三月二十八举办庙会，因此名声响、人气足，而颛桥镇上虽然有庙，但是香火不旺，因此历来没有人气十足"节场"。如今，沪闵公路即将全线开通，而乡人大多没逛过"公路"，甚至没见过"汽车"，必定想来看看景致。若是借此机会，创办一个"节场"，必定轰动四方。

在乡董施有光的协调下，颛桥商界很快达成共识，决定在当年10月28日（农历九月初九）隆重举办一次"节场"，号称"颛桥重阳庙会"，抢先聚集人气。于是，各家店铺立即备足货源，大做广告，商会广泛联络各地客商前来设摊，邀请民间戏班前来助兴。

如今，颛桥每年都会举办重阳糕会（此为2016年的糕会场景）

结果，颛桥老街首次“重阳庙会”持续热闹了三天，沪闵公路未曾通车即成为人们必游的观景，老街上人流如潮，商家生意兴隆，乡人齐声叫好。

从此，颛桥老街每年重阳节都要组织举办庙会（也称物资交流会，俗称赶节场），有时从九月初九开始竟持续热闹十天至十五天。因抗战爆发，1937年起停办，1948年起恢复，成为本地区最重要的地方俗节，至今仍在延续，并发展为上海市级重阳民俗文化节，因以颛桥桶蒸糕为主的传统糕饼成为聚焦点，所以近年简称为“颛桥重阳糕会”。

颛桥老街的民国风情

张乃清

颛桥老街的形成已有四、五百年历史了。这里地处“官道”旁，明代时即有杜、徐、王三姓人家建宅定居，耕读传家。随着人口增多，经贸日趋活跃，街市应运而生。清乾隆《上海县志》记载，清初始称颛桥市，但老街西半部尚属华亭县。嘉庆年间，镇区为十八保十五图，镇南为十八图，镇西南为十六图。咸丰十年（1860），这里设立中渡桥团练局（后改称颛桥团练局），开始有行政管理机构。

步入民国，这里发生了一系列深刻的变化。

一条长街跨两县

自元代末起，这里的东南部与西北部分属于上海县与松江（华亭）县，直到1948年才区划有变。

因此数百年间，这里以市河（老六磊塘）和北街为县界，市河以南和北街的东半街以东属上海县，市河以北和北街的西半街以西至竹港属松江县。光绪年间，西街及周边地区还称“颛桥庄”，说明发展较慢。步入民国，东南部的“颛桥市”改称颛桥乡，而西北部的“颛桥庄”改称颛桥镇，两县规划不同，发展态势明显有别。

尽管一条长街跨越县界，东西分属两个县，但在乡人眼里东南部与西北部都是"颛桥人"，人际交往，商贸交易，均没有地域隔阂。

老六磊塘上，自东向西有神龙桥、众安桥、秀龙桥等古桥。老镇以众安桥为市中心，分东、西、南、北四条街，呈十字形。西街为长，全长七百二十米。南街和北街最为热闹，全长二百六十米。东市另有前东街和后东街。老街上拥有一百二十多家店铺和作坊，业态丰富，几乎应有尽有。

1948年6月，上海县颛桥乡和松江县颛桥镇一至七保正式合并为上海县颛桥镇。颛桥老街的经济社会格局随着区划的变化，迅速形成一派新气象。

老庙里头办学堂

老镇南街有华阳庙，俗称南庙。1908年10月，张国华、何其章在此创建私立颛区小学堂，次年改为颛桥中心国民小学。1928年，张翼任校长，扩建校舍，革新教学。华阳庙旧址于2005年被拆除，幸存八棱青石井栏圈一只、明代瑞兽纹抱鼓石一对，成为颛桥中心小学的历史见证物。

北街有永宁庵，俗称北庙，曾与三官阁、恒善堂（对贫民掩埋、施药的机构）相连。1978年，三官阁正屋被拆除，余屋翻建为食品站和集体商店。现存偏殿一间为茶馆。

西街有福智庵，俗称西庙。相传，始建于元大德年间，供男女神像一对，有二十多间庙房。南面曾设古戏台，飞檐高翘，时有演出。1910年，在庵内建立颛桥初级小学，人称西校。抗战时期，沦为日伪军军营。1948年，在此创建私立颛桥初级职业中学。

米市交易异常旺

1937年，颛桥老街上有花米行九家，最大的是西街8号何元兴米行。1942年夏，日伪修筑“清乡”封锁线，禁止粮食交易，以致上海城区米价疯狂上涨。因这里地处产粮区与上海城区交叉地带，促使米市交易畸形兴旺，街上的米行一下子增加到三十二家。众安桥十字街口成了交易大市场。

1926年，西街上有了姚永丰碾米厂，开始用机器碾米。1938年后，镇上碾米厂迅速增多，专营有七家，兼营有八家。最大的当属西街西段河南滩的“王万长”碾米厂，有八九间厂房。西街还有过永丰碾米厂、郑瑞丰碾米厂、俞协兴张义兴碾米厂等，东街有永鑫碾米厂、恒泰碾米厂。

灯会越出越是“趣”

本地灯会，俗称出灯，一般在正月十五元宵节举行，为期三天。遇特殊庆典、纪念活动，也以灯会形式举行，据《颛桥志》记载：为纪念第一次淞沪会战，1932年春举办灯会，为期二十多天。1946年抗战胜利，出灯七天。1950年庆祝完成土地改革，举行提灯会。

灯会出灯以商家和大户为主，邻乡也会前来助兴，展示的主要有龙灯、狮子灯、蚌壳灯、台阁灯、伞灯等。本地彩灯，即纸扎灯笼，花色繁多，造型生动，色彩绚丽，做工精巧，纸刻细腻。

伞灯，是明清以来流行的花灯形式，曾为元宵灯节之最。清末张春华《沪城岁事衢歌》描述：“月夜笙箫步绿塍，珠帘垂处小楼凭，吴绫输与谈笺纸，妙擅江乡算伞灯”，并称“灯之盛于二月者，俗为‘花神灯’，又名‘凉伞灯’，灯作伞形，六角，间有圆者，镂刻人物、花卉、珍禽异兽，细于茧丝，而缨络须带无不精妙，却皆以纸为贵，惟吾邑有之。谈笺，亦邑之土产。”

当年，颛桥人酷爱伞灯制作和提灯表演，每逢喜庆场合必有伞灯出场，至今还留下“颛桥灯越出越趣（漂亮）”之谚。颛桥的伞灯以凉亭为外形，以伞骨为支架，以彩灯为主体，以民俗为内容，拓展了花灯表现形式，又浓缩了多项民间艺术，尤其是不刻意追求富贵气派，而注重张扬田园气息，努力体现本地民俗风情，因此别具一格。

杜家厅里唱沪剧

西街中段的杜家厅，是颛桥人时常议论的话题。杜家为清代官宦人家，老屋有一百多年历史。杜家厅坐北朝南，五开间门面，一井院落，为两层木结构房屋。大厅高约六米，长七米，宽六七米，柱头有雕花，门上有典故雕刻。北面天井用大方石铺成，屋后为小河。前厅部分于20世纪90年代被拆除。

当年，大厅中间靠北墙设有狭长的戏台，沪剧名家杨飞飞、邵滨荪、丁是娥等曾到此献演，观者甚多。解放初，这里曾改作颛桥区人民政府办公用房。1951年，在此设公共阅览室、活动室。后来改作供销社食堂。

茶馆店中听说书

1956年实行全行业公私合营之前，颛桥老街上有大小茶馆十余家，大多每天早上、中午两个市，早市天不亮就开张，午市到下午三点钟结束，是老街上一道引人注目的风景线。

民国时期，前东街有望月楼茶馆，临河而建，楼上五间。东有吴家茶馆，坐北朝南二间门面，不时邀请艺人唱滩簧、评弹。

后东街曹家茶馆是大草棚，六开间门面，吃茶听书者众多。

西街上，东段有吴家茶馆，坐北朝南，二间门面。中段有杨家茶馆。西段有马家茶馆，时邀小戏班前来演唱，颇具吸引力。

南街有张家茶馆，后来由供销社经营。

新式学堂创办纪事

张乃清

清光绪二十七年（1901），在“戊戌变法”的推动下，清政府实行新政。次年8月，清政府颁布《钦定学堂章程》，允许并鼓励各地兴办新式学堂，并逐步废止科举制度。

随着革命军兴起，新文化风行，上海县十八保地区闻讯涌现几家新式小学堂，并大力推进地方自治。

北 桥 地 区

光绪三十二年（1906），本地医生陈友儒发起，黄金照、乔锡增（字子卿）、陆杏林、赵澄澜等九人联手借用明心教寺余屋，创办私立北桥小学堂，原有私塾大多并入，所教科目有国文、算术、修身、常识、体操、手工等，人称“新法学堂”。

次年正月，陆杏林又在北桥地区赁屋创办私立沥东小学堂。乔锡增、朱洞宾筹办北桥公学。

宣统元年（1909），陈珍在北桥创办尚志初等小学堂。宣统三年（1911）并入北桥小学堂。

1915年，戴龙瑞在北桥镇西乔家堂创办私立东乔小学堂。

颛桥地区

光绪三十三年（1907）正月，北桥的赵澄澜到二十四图的赵家塘创办求是小学堂，深深地触动了颛桥镇上人。

次年年初，颛桥镇上的张国华（1876—1923，字达卿）、施其光（字安生）、何其章（字淡人）、何访梅（字新畬）、周铁铮（字惕生）等中青年人，眼看邻近乡镇的好友们率先兴学，也坐不住了。他们同样饱受科举之累，对维新思潮一拍即合，决定说干就干。

张国华时为任恒堂经理，生性活跃，颇具才气，又富有善心，喜欢四处奔走，“娴习婚丧礼数，里有事辄为襄助，里人感之”。他在本地年轻人中脱颖而出，成为追随维新思潮的时代新人。

于是，张国华立即腾出自己家宅的二间小屋，在好友们的支持下，创办颛溪小学堂。尝试新式教学方法。他们“有鉴于附近学童之痛苦，乃首先创设门馆学堂，招集学龄稚童，围坐于方桌，先日朗诵。其教学之步骤，始从方块字而联句文，进而读之乎者也古体文，与论言人韵之诗词，写字自描字空格而临帖，作文自联字造句而诗赋八股。其教学之方法，须将文篇读得纯熟，不求详解，每人总须读过几百篇之名著，揣摩呻吟，至能背诵，然后执笔为文，待腕自能熟。”

当年十月，张国华与何其章、姜渭渔等，租用南街民房，将三所私塾合并，创立了颛区小学堂，推何其章出任校长。当时，虽然只有一个班级，一个教师，三十余名学生，但是采用新式课本，实施新式教法，令人耳目一新。

次年，即宣统元年（1909）三月，经行政当局核准，颛区小学堂改名为颛桥乡立第一初级小学校。张国华、何其章等排除守旧势力的阻挠，将华阳庙（俗称南庙）大厅内的所有佛像迁到山门间内，利用庙宇前埭房屋作为校舍。农历四月二十日，俗称“学生仔生日”，华阳庙内第一次传出琅琅读书声，乡民齐声叫好。学校有了这两间新教室，以复式编制上课，教学环境有所改善。师生们欢喜若狂，约定今后每逢“学生仔生日”，都要吃寿面予以纪念。

张国华和伙伴们的兴学义举，赢得了社会各界的好评，也锻炼了他们走上议政参政道路的勇气。

宣统三年（1911）二月，上海地区实行地方自治制度，上海县颛桥乡即建立议事会，张国华出任议长，施其光任副议长，俞怀卿任乡董，颛区小学校长何其章任乡佐。

1916年，施其光、张国华等依照部定规程组织成立颛桥教育会。

1926年1月，张翼调任颛桥乡立第一初级小学堂校长，即全力筹资，建造六上六下的新校舍。9月，罗网良师，增设高小班级，扩展成为完全小学。学校大厅称“先贤堂”，专为慷慨捐资助学的施其光、周铁铮、何访梅三位乡绅设置座椅。

1929年，由县教育局拨款和地方人士捐助，又增建校舍六间，扩充体育场，更名称上海县立颛桥小学校。

百年颛小立潮头

唐为民

清末建学堂　敢为天下先

清朝末年，废除了科举制度，出现了中国近代史上难得的兴办新学热潮。在这种历史背景下，当时颛桥镇上的有识之士何其章等先生于清光绪三十四年（1908）赁颛桥南街民房，创办颛区小学堂，一个班级，一名教师，三十余名学生；次年（宣统元年，1909年）迁入华阳庙（又称南庙）后殿，这便是颛桥中心小学的前身，颛桥镇兴办于近代而脉络清晰地沿革至今的唯一的学校。

新中国成立前的41年间，由于教育制度的演进，行政区域的扩并，校名学制，办学规模，迭有更替。民国初年（1911），改名为颛桥乡立第一初级小学堂，复式2班。民国15年（1926），新建校舍六上六下楼房一幢。民国18年（1929）9月，扩大为完全小学，称颛桥小学校。民国34年（1945）8月，改名为颛桥中心国民学校。民国36年（1947），在赵家塘设有分校。民国37年（1948）5月，随着行政区域的变化，位颛桥西街福智庵（地方上称为西庙）的松江县立颛桥小学并入颛桥中心国民学校。

在此段历史时期，先后有何其章、石友生、陈显洽、张翼、丁伯正、周文尧、陈文杰、何寅、庄敬、李思逸等十名先生担任学校校长。这10名校长，将永远载入史册，其中要数张翼先生最有名望。张翼（1899—

1975）字凤三，人称“江苏怪人”，颛桥镇人。自1926年起任颛桥小学校校长。他受武训办学思想的影响，为了扩大办学规模，曾发动镇上的社会名流，号召各界人士集资办学，用集资所得，新建校舍六上六下楼房一幢。他深受陶行知教育思想的影响，主张学校厉行“八强教育”，他在1948年为纪念颛桥中心国民学校四十周年而作并在《明心报》上发表的文章中说：“当我在母校生长时，厉行我所主张的‘八强教育’。我所盼望和共同生活的，要脑力强，视力强，听觉强，呼吸也要强，说话要强，吃饭要强，手和脚都要强。非但要育成强有力的躯干，而且要发扬健全的精神，使各个体，结为一团，同时促进其道德生活，训练成良好国民。”到20世纪30年代后，张翼先生离开了颛桥小学，去从事发展颛桥的其他教育及民众的文化普教工作。

民国初期至抗日战争之前，随着办“新学”的思潮的影响，掀起了大力创办村校的第一波浪潮。颛桥地区先后创办了9所村校，基本上均是1班1教员的初级小学：北桥乡立第二小学（1915年创办，校址在向阳村三官堂，解放时为竞择国民学校），育材小学（1919年创办，校址在联农村沈家桥），颛桥乡立第三小学（1920年创办，校址在群力村张家宅，解放时为尚斌国民学校），赵家店小学（1933年创办，校址在牛桥村刘家堰），中沟小学（1933年创办，校址在中沟村中沟宅），鸿英第二小学（1933年创办，校址在光辉村赵家塘，解放时为赵家塘国民学校），三冈小学（1935年创办，校址在紫江村尹家坛），万家弄小学（前身是1931创办的松江县钱家浜小学，1937年校址迁至牛桥村万家弄西黄家塘，并改名为松江县万家弄小学），净土小学（1938年创办，校址在光辉村孙家桥）。

开展革命活动　宣传进步思想

颛桥小学是一所具有光荣革命传统的学校，特别是在抗日战争胜利前夕和解放战争时期，是中国共产党地下组织在颛桥地区的重要基地，谱写了可歌可泣的篇章。1945年5月，上级指派中共党员陈正华（即华介眉，无锡人）通过颛桥小学教师谈勋的关系，来到颛桥地区开展革命工作。同年7月发展谈勋入党，他经常住在学校，向一些进步青年介绍进步书刊，宣传救国，布置谈勋、何念训刻印散发传单，以扩大我党我军的影响。1946年3月，党组织派雷霆（化名李特英，松江人）接替陈正华来颛桥小学接上谈勋的关系，坚持地下党“长期隐蔽、积蓄力量、以待对抗”的方针，同年谈勋发展何念训入党。1947年，党组织先后派中共党员曹友梅、胡训谟同志以颛桥小学教员的名义在颛桥地区开展革命活动，他们和颛桥小学的两名党员一起，为了宣传进步思想，创办“众安阅览室”，陈列《文萃》《民主》《周报》等进步刊物，组织“颛桥青年文艺社”“黎明社”等社团组织，宣传反对国民党反动统治，团结了一批进步青年。经过革命斗争的考验，由谈勋和何念训先后发展陈旭、孙水观、陈龙英（现名陈洁）、李政、倪克孝等入党。1948年，上海县政府数月拖欠教员工资，造成教员生活十分困难。颛桥小学地下党组织适时组织教员向县政府请愿，县长俞月秋威胁失败，被迫同意发放拖欠的工资。1949年上海解放前夕，地下党员设法收听解放区电台广播，在群众中宣传战场胜利形势，以消除因受国民党欺骗宣传产生的疑虑，并做好迎接上海解放的准备。1949年颛桥小学地下党组织配合人民解放军解放了颛桥。

上海解放　学校新生

1949年，上海解放，新中国诞生，人民当家作主，教育回到人民手中。颛桥小学从此获得了新生，1950年改名为颛桥中心小学，同时成立颛桥辅导区。辅导区由颛桥中心小学负责对全乡各村校的辅导（实际上同时负有领导责任），其主要职责是布置工作，组织教师政治、业务学习和不定期检查教学工作。学校党支部、团支部和教育工会都以辅导区为单位建立。1950年成立了新民主主义青年团（后称共产主义青年团）颛桥辅导区支部，1951年成立了中国教育工会颛桥辅导区基层委员会，1960年成立了中国共产党颛桥辅导区支部。1954年在颛桥西街（原松江县立颛桥小学校址）增设分校。

新中国成立后的前十七年，国家百业待举，颛桥小学的教育也得到前所未有的发展，并且逐步走上正轨。学校在组织教师学习并借鉴苏联的教育经验（如凯洛夫的《教育学》，巴甫洛夫的心理学等）的基础上，努力贯彻党和国家对教育工作的各项方针政策。例如：1955年贯彻《小学生守则》和实行“五级分制记分法”；1957年贯彻“我们的教育方针，应该使受教育者在德育、智育、体育几方面都得到发展，成为有社会主义觉悟的有文化的劳动者”；1958年贯彻“教育为无产阶级政治服务，教育与生产劳动相结合”的教育工作方针；1959年实行推广普通话工作；1964年贯彻《小学教育工作四十条》等，使颛桥小学教育工作呈现出一派生机勃勃的新景象。

在“为工农开门”及“两条腿走路（公办学校和民办学校）”的办学方针指导下，村校发展出现了“三多”，一是新创办的小学多，二是民办

20世纪六七十年代颛桥小学

的小学多，三是学校升格（初级小学升格为完全小学）的多。这是村校发展的第二波浪潮。1950年创办私立欣欣初级小学和板桥初级小学，这两所小学在1956年改为公办小学。1952年增办三村、建新和紫阳三所民办初级小学。到1958年，各高级农业合作社都办了民办小学（或民办班），共计新创办18所（班）。后来赵家塘、沈家桥、竞择、曙光等初级小学陆续升格为完全小学。

十年“文化大革命”期间，教育作为上层建筑，遭受严重创伤，颛桥中心小学也不例外。1968年8月，贫下中农宣传队（简称“贫宣队”）参加学校管理，颛桥中心小学改名为集体小学，西街分校改名为新生小学。由公社革命委员会下设的教卫组管理。教卫组由公社干部代表、贫下中农

20世纪60年代颛桥中心小学师生合影

代表和颛桥中学领导、颛桥中心小学领导、颛桥卫生院领导组成。此时上级还要求“学校办到家门口”，颛桥地区的村校发展出现了第三波浪潮，这可用“改、转、增”三个字来表述。“改”是指在1968年，新华、群力等五所初级小学改为完全小学；“转”是指在1972年设在公办小学内的15个民办班级改为公办班级，并对民办教师、长期代课教师、缺额代课教师和“亦农亦教”教师进行“列编转正”（即教师列入国家编制，转为正式教师）；“增”是指各生产大队各显神通，各自创办“耕读小学”（班）和“简易小学”（班）。

1977年，颛桥中心小学恢复原名，并撤销新生小学，并入颛桥中心小学。1996年9月，位于颛盛路繁安路中沟路的颛桥中心小学新校舍建成启用（校区占地18亩，建筑面积5000平方米），一二三年级留老校区，四至六年级在新校区。1998年9月起老校区停用，全都迁至新校区。

发展三部曲　再创新辉煌

1978年以后，颛桥中心小学得到了空前的发展，大致走过了“夯基础、谋发展、创特色”的三步发展历程。

党的十一届三中全会以后，随着颛桥辅导区的恢复，颛桥中心小学（辅导区）逐步走上正常发展轨道。学校从理顺管理体制、规范办学行为、建立正常的教学秩序，提高教师素质等方面着手，重点抓改善办学条件，加强教师队伍建设，提高教学质量和提升村校办学水平等四个方面的工作，做了大量的工作。为了改善办学条件，从1980到1995年先后建造了有27个教室的教学楼两幢，建设了行政、电教、总务综合办公楼，翻建了食堂，为学校的进一步发展夯实了基础。同时对村校也进行了调整、扩建、改建、新建，基础设施大为改观。在这期间，创办了校办企业，为改善办学条件积累资金；购买了电化教学设备，为优化课堂教学提供物质上的帮助。为了加强教师队伍建设，通过加强教师培训、开展教师职务评聘和分配制度改革，不断形成激励；通过“以老带新”，把青年教师推上教育教学第一线，并积极开展教育科研活动，形成教师培养机制。为了提高教学质量，狠抓教学工作“五认真”（指认真备课、认真上课、认真辅导、认真批改作业、认真补差），切实把握好并优化教学工作全过程。为了提升村校办学水平，按照区教育督导室的统一部署，大力开展创办合格村校活动，并对辅导区内所有村校轮流进行督导。由于管理的科学、规范、到位，措施扎实、有效，取得了显著的成效：涌现了一批校、区级的教学骨干和区、市级的优秀教师；颛桥中心小学被评为"上海县电化教学先进集体"和"上海市体育教学先进集体"。

2003年12月到2005年5月，学校实施了历时一年半的扩建，校园面貌焕然一新，形成了占地面积32亩，建筑面积约13000 m²，可以容纳35个教学班的办学规模的教室和配套教室，拥有了手球馆、200米塑胶跑道、足球场、手球场等现代化的体育设施，全面开通了校园互联网，建造了"思源墙"等几处人文景观。学校的硬件设施已趋于区内一流。

"十一五"期间，学校更加明确了创建优质教育资源的目标定位：多元发展，全面和谐的办学理念；创建精细化、特色化、品牌化的优质教育资源的办学目标；培养健康、健全、全面发展、富有个性、多元发展、全面和谐的未来合格公民的培养目标；依法治校、良师立校、科研兴校、特色强校、文化润校的发展策略。在明确的办学思想的引领下，颛桥中心小学办学水平取得了长足的进步，得到了闵行区人民政府教育督导室的肯定，2005学年经过闵行区人民政府教育督导室的督导评估，学校被评为区内办学水平最高等级"A等一级"。

2008年百年校庆之后，学校继续秉承百年传统，深入贯彻"学而有长、和美发展"的办学宗旨，以打造具有人文特色环境、多元特色课程、个性特色师资的"三特"教育品牌为发展愿景；以"传承优秀民间艺术，促进校园文化建设"为艺术教育的策略，将安塞腰鼓非遗文化教育与课程建设和校园文化发展相融合，形成了以腰鼓艺术见长，以传承民间民俗文化为主导的艺术教育特色；以"体验自然、绿色生活，基于学校，面向人生"为科技教育的核心理念，着意为每个学生提供多样化的学习内容、多样化的体验与探究方式，培育学生的科学意识和探究创新能力；以民间传统体育为基础，丰富学生的体育生活，在特色创优上积极探索，形成了传统项目与特色运动相结合的体育教育特色。在此期间，学校又荣获了首批“全国中小学中华优秀文化艺术传承学校”“全国未成年人生态道德教育示范学校”，以及“上海市文明单位”“上海市花园单位”“上海十佳校园绿景”“上海市节水型学校”“联合国教科文组织中国可持续发展教育示范学校”等荣誉称号。

作为颛桥镇文脉传承的代表，颛桥中心小学“启颛蒙正，温润而泽”的文化品格渗透的是颛小的气质。而这种气质折射的是“稳健、均衡、优质、特色”的发展品质。

90年代闵行区颛桥中心小学校门

链接：张翼（1926——1933年任颛桥小学校长）的两篇文章

希 望

张 翼

颛桥有两个中心国民学校，一个是上海县的，一个是松江县的，颛桥地方合一而后，那两个学校，也将合而为一。

合一后的颛桥中心国民学校，儿童一定加多，设备也必充实，可以按着儿童的年龄和智力而分级，可以依据儿童的旨趣而施教，当然明日之学校，胜过今天。

李思逸校长，文质彬彬地领导了全班人马，献出他的赤心，做着颛桥儿童的保姆，使得羔羊有乳吃，小草蒙雨露春阳，确是个良教师，和良教师和衷共济的良教师。

在过去的颛桥小学，很注意于人格陶冶，和职业训练，要使被教育者具有科学头脑，劳动身手，以及服务社会的兴趣，时至今日，民生经济，必须确立，那么学校教育，也应从此方加强。

记得二十年前，颛桥小学，会供给乡村师范教生做试教的场会，因为学校的一切是乡村

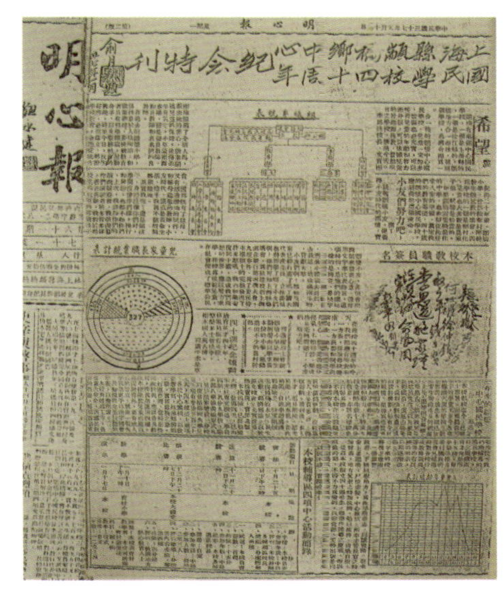
明心報

上海縣顓橋鄉中心國民學校四十周年紀念特刊

組織系統表

希望

小友們努力吧

本校教職員簽名

明心报上刊载的《希望》一文

化，儿童也大多数是农家子弟，试验是恰当的。

如果颛桥需要职业化的中学，也希望从此登堂入室的准备，真定我们的教育基础，四十岁的颛桥中心国民学校，应肩荷起这个使命。

——摘自《明心报》中华民国37年1月19日（1948年1月19日）

母校长生

张　翼

诞生四十周年的颛桥中心国民学校，是我的母校，也是我们的生活园地，会有人称他做众人之母，可谓恰当。

当我在母校生长时，厉行我所主张的《八强教育》。我所盼望和共同生活的，要脑力强，视力强，听觉强，呼吸也要强，说话要强，吃饭要强，手和脚也都要强，非但要育成强有力的躯干，而且要发扬健全的精神，使各个体，结为一团，同时促进其道德生活，训练成良好国民，经过我们的奋斗努力，差幸有些效果。

母校在颛桥，既有其不可磨灭的史事，恭逢母校四十周年的纪念，我们应共同来检讨过去，而策励将来，使母校跟着年龄而成长，而康健，基本教育之外，重视成年人的补习教育。

上松颛桥合并后的母校，更肩担较大的使命，特别要注意群育，亲爱精诚，互助合作，是少年中国的国民所宜具有的。我们要造就建设自治的国民，我们要造就运用宪法的国民，我们更要训练保卫疆土和有世界眼光的国民。母校长生，便是颛桥和国家的长生。

——摘自《明心报》中华民国37年1月（1948年1月）

忆颛桥青年文艺社

陈　旭

1947年7月，颛桥小学的校友刘洁、陈旭、陈洵、庄稼、王顺仙等由奉贤县立初级中学简易师范科毕业回到颛桥后，商议组织文艺团体、出版文艺刊物。以练习写作、相互切磋、联络感情、发展友谊为宗旨。与在颛桥镇的校友张寿亭、吴寿昌等组织发起筹建“颛桥青年文艺社”。

颛桥青年文艺社是颛小校友的文艺性群众团体。出版文艺刊物、举办图书室、开办暑期补习班、开设医务义诊所，以及球类等活动。文艺社筹建开始就得到了中共地下党员、颛小教师谈勋、胡训谟、何念训的支持和帮助。文艺社由张寿亭任社长，吴寿昌任总务，刘洁任编辑，陈旭任出版，陈洵任交际。社员对象以颛桥当地青年以及颛桥外出工作、读书的青年，涉及上海、松江、闵行、塘湾、北桥、马桥、镇江等地区共200多人。

1947年底寒假，颛桥青年文艺社假座颛桥小学一教室内，召开全体社员大会，选举成立理事会、监事会、聘任各组工作人员。张寿亭、吴寿昌、刘浩、陈洵、陈旭为理事会理事，诸乐民为后补理事。张寿亭为理事长兼社长。监事会由倪克孝、李思逸、谈勋、李政、施良仁组成。大会还通过了章程、颁发社徽、规定入社者需经社员介绍，填写社员登记表，交纳社费和近照等事项。

文艺刊物定名“轻轮”，共出刊21期。1947年9月出版的第一期（试刊号）是油印的，由谈勋、何念训等老师帮助编印。1947年10月第二期创刊号由刘洁、张寿亭、陈旭编审，铅印16开1张半，由北桥福兴印刷厂承印，共印刷二期，文艺刊物的内容以诗歌、小品、散文、杂感等，由社员投稿，经编审出版。由吴寿昌负责发行。

1947年12月，颛桥地方人士张翼创办《明心报》并任社长，12月1日创刊，初为半月刊，后改为五日刊。当时颛桥青年文艺社单独出版“轻轮”，向省文化部门注册登记，未获批准，加上单独出刊，经费、人力等困难较大。经张翼提议，颛桥青年文艺社的“轻轮”文艺刊物，正式列为《明心报》副刊。由文艺社主编，至1949年4月停刊，共出刊18期,发表文章有200多篇（并入明心报时文艺社自集资金大米20石，转为明心报基金）。

文艺社在1947、1948年两个暑期里，在颛小校内举办过医务义诊所，每旬一次，聘请当地开业医师杨永钊、韩传贤、陆文明、周景初等医师义务门诊，当地附近的贫困病家前来就诊，凭医师处方到颛桥镇上几家药房免费供应药物。文艺社体育组还组织15人小足球队与闵行、莘庄、精神病医院足球队在颛小大操场进行多次友谊赛。福利组还利用暑期在颛小校舍举办义务暑期补习班，颛小二至五年级在校学生在暑期内可温故知新，由文艺社社员义务执教，每天上课半天。48年暑期在颛桥镇西郊育才小学里也举办了一期义务暑期补习班，吸收当地学生就读。还在颛小内设立图书馆，由各社员自愿捐赠图书200多册，供社员借读。

1948年6月16日，文艺社社员中共地下党员颛桥小学教师何念训同志病故。为悼念何念训同志，颛桥青年文艺社、南桥黎明社、颛桥小学等单位团体，于6月28日在颛小西校召开《颛桥优秀青年——何念训追悼会》，“轻轮”还出版悼念何念训同志专刊以示哀悼。

1949年4月，上海解放前夕，颛桥小学教师、校友、文艺社社员纷纷要求投身革命。5月上海解放后，立即投入革命斗争，并陆续走向革命工作岗位。有原颛小教师谈勋、李政、陈旭、张鲁书、姬飞、倪克孝、孙水观、施良仁。以及校友由刘洁、何胜、庄稼、陈洵、陈文光、王顺仙、王勉、杨旭。还有王杰、陈孀、凌敏、张明等等。

选自《世纪记忆——百年校庆纪念文集》上海社会科学院出版社

南街往事

吴凯年

这里盛满着孩子们的欢乐

在睡梦中，我总是会梦见上世纪50年代老家——颛桥南街。颛桥，在元代就已经形成集市的江南小镇，春夏秋冬就像一幅幅历史水墨画，朴实恬静。十字街口，百年众安石拱桥的影子倾斜在清澈的市河水面上。或优雅别致或玲珑飘逸，已磨损的桥栏杆印着岁月的痕迹与古镇的风韵为一体。铺满了花岗岩石头的弹街路面，虽不平坦但牢固耐磨，一到夏天，噼里啪啦的木拖鞋声似山东快板响彻了整个街面。街两边灰蒙蒙的房屋，开着一连串的商号店家。老板们忙着生意，唯有一辆老坦克脚踏车叮铃叮铃穿街而过，谁家的孩子哭声夺窗而出，都会给老街带来可喜的人气。

我生长在南街，童年是在南街度过的。一到下雨天，细细密密的雨珠敲打着屋顶上的灰瓦，淙淙的声音，仿佛在诉说着南街的故事。雨水汇集成一支支的细流，在南街的温婉情怀里，我沉醉了六十多载，南街周遭世事、沧桑变迁，喧哗或耳语中流传的故事无法一一讲述得清，而我对南街的眷恋情怀却千年依旧。南街总长一百多米，50年代却容纳、养育着饭店、南货、咸肉庄、茶馆、染坊、米柴行、打铁等四十二家商行店铺。张翼老先生创办的老学校——颛桥小学就在南街口，哺育了南街120多位商家子弟。放学以后，南街的学生也就多了一个学习、活动、白相的好场所。在初迎解放、解放区的天是明朗天的阳光里，他们唱着中国少年儿童队队歌，尊师守纪、勤奋学习。南街的学生，平时在学校里听惯了工友"李财源"有节奏、宏亮的钟声，闻惯了厨师"金奎"手艺的饭菜香。读书手不释卷、孜孜不倦、认真上课作业。一到放学，就奔驰在学校东面的解放军大操场上。钻战壕、玩打仗、踢小橡皮球。一过晚饭，除了部分映月读书、挑灯夜战完成作业以外，整条南街又是乐童们的天下。在南街口和老银行宽畅的空地上，做起了"种西瓜"、孵小狗游戏；"玲玲朗、玲玲朗，三斤葡萄三斤糠，张爸爸李婶婶，讨只迷迷小狗……"昔日儿歌至今还回响在耳边。平时，乐童们骑着竹马挥着竹竿在街上东冲西撞，店主们抽着水烟也很乐意地看着他们玩，从不厌欺责骂。看着幸福的乐辈小爷们，其实他们心里也甜滋滋的。店主们有时高兴了还会抛出几颗糖果赏施孩子们。南街的学生就是在这样的商市环境中长大。他们不沾恶习，健康游戏，礼貌待人，知理懂礼。勤学刻苦、生活朴素、尊敬长辈、乐做善事。春天，拔茅针、做竹管噼啪子、挑马兰、放鹞子；夏天，市河打游泾、攀甜芦粟、乘风凉；秋天，盼重阳节场、看花家马戏团；冬天，抄脚炉、塌房子场地孵太阳，脚炉爆米花……喜欢玩的游戏都是；打篮球、踢皮球、打零角、打弹子、翻香烟牌、跳绳踢毽子、跳棚棚、造房子、晚上到街上昕卖梨膏糖小热昏……50年代，在这条普通的小街上，培养出了许多国家有用之才，据统计，以后担任省、厅、市农、商、财领导的有十人，书画篆刻艺术家一人，哈军工、清华、南京大学、上海体育学院、华东师大、同济大学、上海工学院等大学十六人，当教师的有十五人，当军警公检法的有十二人，从医有三人等等，可敬的是整条南街青少年犯罪率为零。

时代的变迁，老街随着似水流年已经隐去了容颜。风褪去了颜色，季节已凋零，唯有我那颗日夜思念南街的心没有消逝。我怀念着南街，眷恋着南街的味道。忘不了那弹街路面的老街。

家里住进了解放军

1949年5月15日，人民解放军某营夜里开进颛桥镇露宿街头，第二天，部队营长在颛桥中心小学操场召开军民大会，向全镇民众宣告颛桥解放，颛桥人也总算第一次见到了穿着肥大土黄布军装，脚扎布绑腿，头戴八一红星解放帽，左佩布胸章，解放全中国，北战南征的人民解放军。

部队进驻颛桥镇以后，宿营就成了最迫切需要解决的大事。5月15日夜里部队为了不扰民而露宿街头，第二天决不能让一个战士睡在大街上。面对这些可敬可爱的战士，刚成立的“上海县第二乡镇联合办事处”（即颛桥镇人民政府）立即动员全镇民众爱军、拥军，以实际行动帮助部队解决住房宿营。当时，颛桥镇最大的空房有几处：北街周义隆住宅、仁寿堂、老沪闵路车站空房等。但要解决一个营的战士住房，只有动员全镇百姓接纳解放军到家里入住。怀着对人民解放军的热爱、翻身解放当家作主、劳动人民朴素的情感，民众都要求解放军住到自己家里来。但部队也有纪律和规章，刚解放入城，社会情况也很复杂，不可能兵员分散单个住到老百姓家里，最起码一个班集中住一家。明白了部队的原则和要求，镇上居民有房的腾让出房子，没房的由部队打出借条借出门板、长凳。部队只要求铺被用稻草就可以，但五月的季节收集稻草也很困难，各家各户就把暂时不用、多余的被子、老被絮都献了出来。部队一再推让，但看到民众高涨的热情也按政策管理要求都收下了。

我家的一间客堂和旁边连接南邻的一间空房，也安排住进了一个班10名战士。只看见他们砌成膝盖高的半墙，门板往上面一搁，就成了北方的炕。客堂没有大门，上海五月份晚上还很冷，战士们就用稻草编了个门帘挂上挡风。又借来了两张八仙桌，放在靠街的厢门间，成了餐桌。自从家里住进了解放军，我们小孩可热闹了，这两张吃饭桌子，每到我们放学回家，往中间一拼，就成了打乒乓的好地方。平时，看他们休息、吃饭、开会、训练。每天早晨，小号兵站在十字街众安石拱桥上向四方吹起床号后，战士们快速整理好内务，接着部队从四面八方跑步到马路边的大操场出操，出操回来洗脸刷牙。每次开饭前，都要在天井里排队唱歌。听多了，我们也会唱了。比如《解放军军歌》《我是一个兵》《解放区的天是明朗的天》《全世界人民团结紧》等等。人小不懂事，一到战士们吃饭时间，我们经常趴在窗口上看他们吃包子，嘴里真馋呀，有时他们会抛一个包子过来，"小鬼，吃吧"。最开心的是一礼拜一次看他们擦枪保养武器。每个战士把自己的武器拆洗上油，满屋子都是枪油味，班上有一挺捷克式轻机枪，看着机枪手把它拆光重装，子弹一粒粒从枪口慢慢摇出来，真神了。然后机枪手在客堂门口铺一张油布，架上机枪，街对面画个枪靶就练起了瞄准。

自从解放军驻住颛桥镇，社会安定、治安良好，每天晚上全夜会安排五人一队的部队纠察队上街武装巡逻，为新生的人民政权和全镇的工商企业、老百姓的生命财产安全保驾护航。我家的靠街门口每天晚上都安排了哨兵站岗，两小时一班口令调岗。有时我们小孩晚上在街上贪玩，哨兵会亲切地提醒我们："小鬼，可以回家睡觉了。"

我们平时用水都要到十字街口水桥用水桶提水，战士们住到家里以后，生活用水成了难题，他们想打口水井，但没有砖头和合适的地方。听到解放军要为大家打井，邻居各家都争先恐后，自愿搬出了家里的旧砖，选定在我家和南邻的场地上挖了一口大井。井水比市河里的水清多了，冬暖夏凉。从此，水井边，军帮民、民让军，战士们又都是一口北方话，呈现着一派和谐、热闹、嬉笑景象。

随着形势的发展，镇上部队驻军规模也相对地集中和调防，两年以后，一声令下，分散驻住在老百姓家里的战士全部撤离，部队一部分继续驻住在周义隆住宅，大部分都开拔到了北桥和松江。部队一走，家门口里和水井旁边也一下子安静了下来，大家真有点不习惯。战士们临走之前，打扫了卫生，归还了所借民众的物品，依依不舍地和街坊邻居告别。几十年过去了，老一辈的邻居还会经常提起“解放军住的时候……”。

明灯高举送战士出征

“抗美援朝”是场让人刻骨铭心的残酷战争，随着岁月的流逝，“抗美援朝，保家卫国”“献给最可爱的人”“捐献飞机大炮……”这些振奋民族精神的豪言壮语，似乎无法让当今年轻一代所理解。

1952年的一个寒冬，我还是一名颛桥小学一年级的小学生。上午学校发出了通知：下午不上课，有志愿军要经过颛桥到学校休息。解放初期，老沪闵路从颛桥中学右转，才能直通上海，志愿军要从莘庄坐火车的话，必须穿过颛桥镇。走乡间小路直达莘庄车站。民间俗讲，颛桥到莘庄六里路，弯弯曲曲一条乡路，自古以来连接颛桥莘庄两镇。穿过颛桥，走过马家塘、孙家塘、方家浜、春申庙大槐树，到莘庄铁路边。夏季，还可以路过牛车棚，盘车戏水，远处风车悠转，一路田园风光至今记忆犹新。

下午，从奉贤、川沙来的部队陆续来到了学校。战士们一色肥大的青绿色棉衣裤棉帽，胸前佩戴“中国人民志愿军”胸章。估计部队要在学校过夜，镇政府早就动员群众把稻草铺满教室。我们几个孩子进去，正看到一位小战士在大黑板下稻草铺上写信。信封上寄送地址是奉贤县的，才知道他是上海兵。“邮局在街上，我们可以帮你寄”，我们热情地说。“不用了，部队专门有邮递员，等会回来收信。”一脸孩子气的小战士谢绝道。所有的战士非常安静，没有嬉笑，更没有吵闹。他们要么抓紧时间休息，要么忙写家信。将要离开家乡，奔赴杀敌战场，现在回忆起来，他们的心情是多么的沉重。镇上群众，自发地送来点心、开水，像对待自己的亲人、孩子一样，劝战士们多吃、多喝，和他们拉家常……群众的心情视战士们为保护神，战士们是为了老百姓才去杀美国鬼子的，还有什么舍不得的呢？

傍晚，操场上忽然一阵清脆的集结号声响起，战士们迅速整理背包行装，左臂上缠着羊肚白巾，奔跑到操场上集合。随着一声口令声，部队以两路纵队走出校门，踏上街路。旧时的颛桥镇老街，是典型的旧上海弹街路，用石头块铺成的街面，又结实又耐磨。特别是夏天穿上木拖鞋，吧嗒吧嗒，走起路来又帅气又响亮。为了让战士们安全走过弹街路，下午镇上已经通知各家要到门口给部队提供照明。此时，部队安静地行走在街路上，没有口号，没有歌声，只听见嚓嚓的脚步声。南街，北街，只见马灯、撩泡火油灯、汽灯、油盏灯、电石灯，甚至一种可燃的“松明子”也用来照明了。南北街形成一条灯带。部队首长不时向门口的群众挥手道谢，战士们则精神抖擞，整齐地行走在街路上。穿过街道，跨过六磊塘，走过“通益沙厂”，向北、向北，向着抗美援朝的战场……部队还没有经过的前面路段上，已经有附近的群众举着明灯为部队照明。前后一条长长的、无边的灯路出现在颛桥镇和去莘庄的乡间小路上。

选自《五十年代之颛桥琐忆》

关注社会民生的《明心报》

张乃清

为唤起民众，汇集民声，关注民生，时任上海县参议会参议员的张翼（字凤三）根据在湖南流亡时发行《苏讯》的经验，决定着手创办一份地方报刊。

民国36年（1947）12月1日，《明心报》在颛桥镇正式问世，面向江苏全省发行，张翼自任报社社长兼主编。“明心”一词取自本地名胜明心教寺，即强调“修身明心”，又暗合“民心”之意。他特邀民国元老钮永建题写报头，以壮声势。《明心报》特辟《苏讯》专版，报道江苏省各地信息（上海县时属江苏省），延续了当年风采。

明心報

《明心报》创刊于1947年（民国36年）12月1日，发行人张翼，并任社长、总编辑。

钮永建为纪念《明心报》创刊而题词云：“尊重联合国宪章，发挥大同主义。内修政治以保育全民，外抗强权以安定全世界。此吾同人之识志也。”

张翼亲自为《明心报》撰写《创刊词》，以朴实的语言，倾述建设家乡的主张和决心，全文如下：

“天下兴亡，匹夫有责”。我人于时代义务，都有我等负荷的责任。行宪在即，我人义务自更严重。本报创刊，正欲唤起民众，建乡建国接受民意，发扬民权以确立民主政治的基础。

盱衡世界大势，国际合作的需要，日以深重。中国立场自以促进国际合作，铲除世界和平的障碍的先题。我人欲达成任务，必须完成我们的革命建设，勉尽国际合作的中国义务，尚能捐弃小我，趋向大同，把天下为公，遵行不悖，当然需要我人的摇旗呐喊。

沦陷八年，我人得到战争的教训，与乎敌伪暴行，既深且巨，除了丧心病狂的以外，都深印脑际。胜利后，复兴大业，未易实行，遍地烽火，有多少是干净乐土。大憝小除，国无宁日，风雨鸣鼓，责在报人。我人也不能辞其职责。

我人所顾虑的，为人心和风气。根据正诚修齐治平大道，社会风气，实为政治建设的基础，转移社会风气，推行四维八德，而收拾人心，实为当前的急务。目前要做到的，是节约消费，明白是非曲直，急切地准确国人人生观，发扬革命精神，创造时代环境以遵行宪法。本报虽不敢以社会导师自居，但于收拾人心转移风气的义务，我人实不愿放弃。

我县为苏省重地，海甸繁品，土地肥美，物产丰盛，公路交通，黄浦水利，瓶山袁迹，古庙道婆，足以自豪。又以紧接都市园林的地带，果能振兴耕作，工化农村，浚治河流，整修道路，再从文化教育，广培人材，而开启民智，那我邑上海，大有作为。今日满目疮痍，民生涂炭，不过是进入富强康乐的过程，树的以赴，持毅而行，又是我人的一重使命。

回观我北桥县治，残屋危垣，荒田寂市，我十二余万县民，谁也认为应行重建，渐临复兴。所幸迁复县治案，即经县参议会议决，业已呈省核准，招标建筑，正在进行。扩境划区以后的北桥，更具备其时代价值，本报自应听取县民意见，供县政府采纳。

青年是建国的骨干，人群精华，我邑青年也大有蒿目时艰，伤心世道，磨砺互助，准备为社会国家稍分任务，但也有随波逐浪，昏迷糊涂，把大好光阴消耗在毫无代价的地方，反而削弱了身躯，堕落了人格的，那是领导青年教育青年者所应负责任。同时是需要澄清社会的一个证子。创办本报的，很坚决地把青年问题引为己任。

我人遥望北桥古钟楼，犹仿佛听到清澈的钟声，会觉得时代的义务，工作的机会，一刻也不能放他过去。要使达成我人愿望，必先修身明心，格物而致知，从诚正而发展至世界观，把宇宙作我们大家的园地。由于各国人民的团结合作，自力更生，对着巩固国际联盟圈使力，推上世界于大同之道，岂仅合全国人心为一心，且使宇宙万象为一体。登高自卑，致远自迩，我人又何必自馁。本报也能登峰造极，为无冕之王，全仗大家的努力和社会的援助。

《明心报》初为半月刊，后改为五日刊，四开版面，主要报道国内、省、县和当地重大新闻事件，关注社会民生，文风朴实，社会反响甚佳。1949年4月21日后，《明心报》停刊，前后共出版64期，另有特刊10期，其中有《灏桥中心国民学校四十周年纪念特刊》、《公葬空军烈士曹仁寿特刊》等。灏桥知识青年自发集资组织“青年文艺社”，先后出版《轻轮》半月刊共十八期。从第四期起，附属于《明心报》副刊。《明心报》刊登过许多本地区重要信息，其中有优秀青年何念训追悼活动、灏桥小学教师追索欠薪的报道。

我家做过邮政代办所

陆信益

解放初的颛桥北街上，在座东面西、南起第五个门面的北墙上，挂有一个绿色的铁皮箱子，箱子正面有一个可以向下拉的活动门，有一个向右开启的装有锁的门。箱子正面上边有四个黄色大字“中国邮政”。

从我童年能记事起，记得每天午后，有个叫华国俊的年轻小伙子，骑自行车到北街东陆恒盛南北杂货店来，我们准备好了洗脸水、茶水、香烟供给他，在稍事休息后，再送往他处。他带来的报刊杂志、信件、包裹，由我家分发递送。我家的店铺是邮政代办所。

后来华国俊不来了。每天早上，我家去人到老沪闵路汽车站接送邮包。邮包由 当时往返上海和闵行镇（现江川路街道）两地的上海沪闵南柘长途汽车股份有限公司的公交班车送来和接走。我们接收邮包时有签单，凭证存放在车站处。当时车站办事人员叫韩祖庆，送来的邮包里装的是报刊杂志、信件、包裹。邮包是一个厚实的帆布袋，上边印着“中国邮政”字样。送来的邮包袋口用细麻绳打结，绳结上压有铅封；接走的邮包绳结上烫上火漆印。邮件里放的是信件、包裹等。

在读小学高年级时的周日和课余时间，我也递送信件、报刊杂志到收件人家中，所以对镇上的厂、商住户比较熟悉。

代办业务是：出售邮票、印花税票、明信片、信笺、信封、收寄平信、明信片、单挂号信、双挂号信、保价信、包裹等。有明细的价目表。

年节还办理邮政有奖储蓄、发售年画；常年收订报刊杂志。按代办的业务量发给代办费。

后来，上海县邮电局派人租房开办颛桥邮政营业所，我家的邮政代办业务结束。营业所第一任所长姓许（外地人、复退军人）。营业所设在西街98号。上述邮递员华国俊，被任命为北桥支局的负责人。

同时，颛桥安装了电话交换机总机站，在西街102号内客堂的西次间，接线员三人，三班倒。一个姓张（从海军复员的男青年，大我13岁）、一个中年男人（家住陈行，其儿子年龄与我相仿）、一个女青年叫小乔。电话不足三十门。后来邮政和电讯都迁到西街92号对面的楼下和楼上。

如今颛桥的邮政和电讯，有了量的增长，质的飞跃。从一个方面，见证了颛桥的发展和提升。

选自《五十年代之颛桥琐忆》

50年代小镇文体团队散记

陆信益

震 醒 乐 队

解放初期，颛桥有一支民间乐队，取名为震醒乐队，是由当时的镇长颜世民牵头，姚永丰碾米轧花厂的小老板，姚锡余出资组建的，队员为镇上厂、商的中青年职工，及社会上的中青年，共计20余人参加。基本队员有：薛关顺、金寅生、施国桢、夏炎如、曹勤益、盛文兴、刘祖根、黄进华、张福康、郑家训、吴秀芳、陆才敏、张梅仙、孙品华等人。乐队配有的乐器有：大鼓1只、小鼓8只、笛子12支、小号4只、三角铃、钹各一个，统一服装，深藏青的队服一套、大盖帽、黑色皮鞋、白色手套。乐队从上海市区某乐队请来一位姓蒋的教练，为队员进行培训，经过三个月的苦练，队员全都达到了培训的要求。

那时候，凡镇上或县里有重大活动，震醒乐队全副武装，精彩亮相，时而行进队列演奏，时而站立方阵演奏，是集会游行的一大亮点，常演奏的乐曲有“当祖国需要的时候”“行动起来”“我是一个兵”……震醒乐队曾应邀到上海市区“黄金大戏院”（现大众剧场）演出，现场效果极佳，加上报刊报道，曾受到热捧。这里有一则趣闻，姚家厂的姚三毛（别号，厂主的幼弟）不理兄长劝阻，也要登台，他站在大鼓前面，手背在后面，手握大鼓辐条，随乐队上台，脚踏鼓点，昂首挺胸，神采飞扬，引起全场热烈鼓掌。

另有一事亦值得一提，队员郑家训，小号手，因某次在老闵行（江川路街道）大操场举行的全县大会上，进行升国旗仪式，主席团要求，小号独奏国歌，老闵行数个大厂的乐队都不能，问到颛桥震醒乐队，郑家训因平时勤学苦练，已能顺利正确吹奏，就“当仁不让”，颛桥震醒乐队大放异彩，队列移到主席台前。因此郑家训也被上海汽轮机厂破格特招进厂。

当时颛小、颛中都有鼓号队，1953年，当时的塘湾区各小学在塘湾举行“六一儿童节”庆祝活动，颛小的鼓号队也很出彩。1958年夏，陈振华带领小学中学的部分鼓号队成员去老闵行大操场参加上海水稻高产擂台赛万人大会，为大会演奏造势。1959年春华东六省一市油菜现场会议，陆信益带领颛桥中学鼓号队去马桥镇迎宾，见到了时任上海市委书记的柯庆施同志。

今天，颛小的腰鼓队更是技艺精湛，名声远扬，屡创佳绩，是区、市、小学界的艺苑奇葩。

颛桥人民沪剧团

上海县颛桥人民沪剧团，组建于1950年下半年，是由解放后颛桥镇第一任镇长颜世民牵头，颛桥镇工业商业及学校、医院等事业单位的老中青三代沪剧爱好者，亦包括一部分农业战线上的老中青三代沪剧爱好者共同参与，达五十余人。镇长颜世民亲自挂帅，兼任剧团团长，并亲自参加演出。张福康任副团长，夏顺炎任编剧导演，施国桢任乐队队长，乐师有：张福康、夏炎如、王金良、吴金余、郑家训等人。汪文俊负责舞台灯光，吴国祥和吴木祥分管布景和道具，张三宝分管服装，一套工作班子分工明确，工作井井有条，为剧团正常演出提供了保证。

为了提高团员的演技和演唱水平，颜镇长特聘上海中艺沪剧团的周云聪老师，对团员进行集中培训，通过三个月的苦练，极大地提高了团员的演唱水平和表演能力，大部分团员基本上都能达到上台表演的要求。

剧团公演的第一个剧目《出卖灵魂的人》在社会上引起了不小的轰动。此剧曾代表上海县去松江人民剧场，参加江苏省松江专区戏曲会演，公演了二场，荣获演出第一名的殊荣，受到了观众的一致好评。在松江人民剧场演出期间，曾经发生了一桩有惊无险的趣事。该剧有一场是反映上海杨树浦发电厂于1950年2月6日遭受敌机轰炸的场景，被称为“上海二·六大轰炸”，由于舞台工作人员在模拟敌机轰炸起火时操作不当，顿时舞台上一片火海，布景、道具、腰幕真的都烧着了，所幸扑救及时，才避免了一场大祸的发生，但这次假戏真做的“事故”却达到了极佳的演出效果。此后的几年里，剧团还上演了《白毛女》《小二黑结婚》《大雷雨》《红花绿叶》《儿女英雄传》《田菊花》《打开了枷锁》《刘胡兰》等大型剧目和自编的沪剧小戏《走上新路》《刘介梅》《阿必大》《庵堂相会》《秋香送茶》《此路不通》等，巡演在颛桥的周边地区，受到当地群众的热烈欢迎，受此影响，周边乡镇也陆续建起了自己的沪剧团。这些乡镇沪剧团经常开展互访活动，切磋技艺，丰富了地区的文化生活。

沪剧成为当时当地群众喜闻乐见的文艺形式。

磊星足球队

20世纪50年代初，颛桥有一支成人足球队，取名为“磊星”，人员有十四五人。队长是徐志诚和朱锦明，朱锦明和刘国桢司职是守门员，前锋有徐志诚、陈访余、张福康，后卫有夏炎如、金寅生、裴云章。之后陆续吸收了刘永祖、刘祖根、吴广权、董春明、丁志君等多位年轻队员。球队在原上海县内小有名气。与周边的球队经常进行友谊比赛，相互切磋球技。当时在颛桥中心小学读书的一帮孩子，是观看球队比赛的常客和拉拉队。

受他们的影响，我们常常在放学后或假日里，会自由组合，进行“小洋皮球”练习和比赛。学校还数次组织班际比赛。

大约在初中二年级（1956）的秋季某星期日，颛桥镇上的10名男生（陆信益、吴颐人、陈振华、杨志沐、潘顺弟、楼焕新、吴飞伦等），踏上镇北面的“官路”到莘庄，与莘庄的同龄人，进行了一场球赛。对手的头头叫陈仲余（他的哥哥叫陈访余——在颛桥姚永丰轧花碾米厂工作，“磊星”足球队的前锋。我与陈仲余也有一面之交）。比赛事宜，是我和我表哥（陈肇屏）的堂弟（陈肇雄）联系、再与陈仲余约定的。与吴颐人、陈振华一说，队伍马上组成。当天每人从家长那里要了一二角钱，作为午餐费。在前往赛场途中的莘庄小东街，看到了原颛桥小学教美术课的俞维钧老师（在临街门面做家务），并向俞老师问好。他看到我们手中的球，叮嘱我们要注意安全，赛后早些回家，好让家里人放心。我们齐声答应。

到镇东操场，划定长、宽、中界和码线（靠步测），堆衣物作球门。双方队员就位、划拳定哪方发球。哨声一响，比赛开始。我既是裁判员又是计时员。为了看清赛况，我一直跟球奔跑，但跑得不够快，有时漏看，造成漏判或误判，弄得双方都有些不服。双方队员都很踊跃、尽力，没有故意犯规，也没有伤害，大家都很尽兴。比赛结果为1 ： 0小胜，该球由一仁踢进。吴、陈两同学在控球、传球、攻门这些上乘的球技我仍清晰地记得。

后来，不同季节、不同地点、不同对手，也时有较量，虽然不是正规的比赛，但也是小型的足球赛。

这项运动，从上一辈传到我们这一辈，这也是一种传承。

选自《五十年代之颛桥琐忆》

纺纱织布忆当年

周文铨

土布（俗称老布），是纯棉的，很生态。如女子用兰花土布做一袭旗袍或者一身短袖短脚裤，也一定很时髦。颛桥镇有个土布收藏家华伦其，家有土布花纹样品达100多种，有各色条子布、格子布，还有雪里青布、芦席花布等等。

20世纪50年代，颛桥农村纺纱织布依然盛况不衰。颛桥镇东北约六公里的华泾镇，古属松江府称乌泥泾。宋末元初，有个黄道婆从崖州（今海南岛）学来植棉与纺纱织布技术，于是乌泥泾和松江一带农民广植棉勤织布，使松江府曾成为全国最大的棉纺织中心，松江布有“衣被天下”的美称。松江人民为感念她的恩德，在顺帝至元二年（1336），为她立祠。2003年，徐汇区人民政府在华泾镇东湾村建黄道婆纪念馆。

颛桥农村曾经是粮棉种植区。棉花4月下旬育苗，5月上旬移栽，7月棉桃开裂，9月至11月采摘棉花。每逢立秋至次年立夏前，农村家家户户忙于纺纱织布。女子出嫁，至少得备10匹上好土布作嫁妆，至今我妻箱中还尚存8匹土布。

籽棉采来晒干后，送到轧花厂去籽，又经过弹花机弹成棉絮，接着用一根杆子和一块压板搓成一根根条子后，即可纺线。50年代初期颛桥镇西街西库里有协泰轧花厂、前东街河南有恒丰轧花厂、大隆轧花厂。协泰轧花厂有近百部轧花机，是当时上海县规模最大的轧花厂，30年代由施安生创办。50年代初，其孙施良知连厂带人支援山东省陵县滋镇发展棉纺业。施良知创造的皮棍革新轧花八技法曾刊登于《人民日报》，保车工技师施惠新曾于1955年当选山东省劳模，1956年当选全国先进生产者。弹棉絮作坊，南街有陈家、沈家，后东街有薛家、王家，西街六磊塘河南王万长碾米厂西有陈家等等。

纺纱，或用手摇纺车或用脚踏纺车。把棉条纺成线后，通过摇线架子绕成一股一股的，然后送到染坊里染成蓝的或红的纱线。50年代初期，镇上南街有周姓染坊、单姓染坊，西街有李姓同和染坊，前东街有吴义兴染坊。

织布，有较多的工序，要用较多的器具。先要经纱、理纱，这要使用牵经线布线架，一次可以布放20—30根经线，布线工序一般要由3—4个人来共同协调配合，布线后要梳理经线。这个程序主要是用梳子、分线器（杼，筘）将经线梳理抻展。梳理经线，一般需要有4米宽、20米长的场地，人员为4—6人协调配合。然后将梳理好的经线收卷固定的架子，织布时候放置在织布机上，根据进度舒放经线。

织布机部件主要有布机架、卷舒架、分线器、梭子、踏脚板。分线器，即杼和筘。牵经线织布时配合使用，让经线上下层分离，便于纬线来回穿梭。梭子是织布时，用来引纬穿经的工具。织一匹30米土布需要近一个月时间。我母亲曾告诉我一个布机织布的谜语：“高高滩、低低滩，鲫鱼游过白纱滩。”织土布，一般自用，也可出卖，有布匹买卖中介人定价。

20世纪30年代，大量日本“洋布”倾销上海。为抵制日货，1932

年6月颛桥名人、教育家张翼组织上海县农民到南市区蓬莱国货市场，举办别有情趣的“土布运动大会”。开幕式上，还有穿着土布旗袍的胡蝶、陈玉梅等十余名影星到场走台，以宣扬国货，抵制日货，影响甚大并引为美谈。

选自《五十年代之颛桥琐忆》

剪纸走进千家万户

张乃清

中国剪纸技艺源于南北朝，到唐代以后广为流传，是中国民间装饰艺术中具有广泛群众性的一种工艺美术品种，它的艺术形式具有很强的装饰性和趣味性。上海剪纸20世纪初已有出现，在近百年的历史演变中，逐渐形成了与众不同的“海派”风格。

长期以来，本地剪纸的流传主要接受海派剪纸的影响。剪纸在颛桥地区是极为普及的传统装饰艺术，近百年间传人未绝。旧时，当地以“香火”为生的艺人均会剪刻图样，当地拥有一些剪纸和彩扎高手，如庄家塘王庄氏，殷家台殷世珍、殷世仙，季家塘季顺花，陆家里陆凤仙、余根生及八字桥黄墨花等。20世纪30年代初，颛桥民众教育馆创办的“游民习艺所”设有剪纸项目，专事剪制“鞋花”出售。60年代，有旺家台王立群等酷爱剪纸，时有向他索求窗花、喜花者。1984年为迎接国庆35周年，上海县文化馆调集全县知名艺人在北桥文化站建灯彩小组，本地区的杨义生、乔正林、陈书亭、胡志新等扎灯高手应邀制作灯彩作品，参加中国民研会上海分会举办的“中国上海艺术展览”，并送荷兰、比利时等国展出。期间，与杨义生同村的年轻人何国兴喜爱剪纸，前来拜杨义生为师学习刻纸技艺，学有所成，后来文化站为其举办了剪纸作品展览。

本地传统剪纸，俗称刻纸、花样，种类可分为喜花、礼花、窗花、灯花、花边和花样（刺绣帐沿、床沿、鞋面时用）。一般为对称剪纸和图案剪纸。对称剪纸，将纸对折而剪，剪成双鸡、双鸭、双鱼、双喜等。有人把大红纸或蜡光纸剪纸衬以白纸或黑纸，置红木镜框内，挂于客堂或内室。作品有独幅、双幅或四幅。题材涉祈福、招财、祝寿、贺喜、平安、防灾、求子等内容，常用图案有吉祥文字（福禄寿喜）、吉祥物品（玉如意、宝瓶、古钱、祥云、葫芦）、花草（牡丹、梅、兰、竹、菊、万年青、石榴）、动物（狮子滚绣球、龙凤呈祥、双龙戏珠、喜鹊报春、鲤鱼、鸳鸯、蝴蝶、蝙蝠、鹿、凤凰、生肖）、人物（观音、八仙、财神、戏曲人物）以及山水、楼亭、自然景观等。

传统剪纸的应用，大量的见之于当地的风俗信仰和生活装饰。

一、礼仪布置：新婚喜房门窗、嫁妆，丧家灵堂布置、纸扎祭品，做寿寿礼装饰，祀神时供品装饰。清明节祭祖扫墓也要在祭品上摆衬剪纸，剪制纸钱、纸马等，专门用于祭奠。

二、岁令窗花：过节时居室装饰。过年时，家家户户剪刻纸马送灶神上天；正月十五闹元宵，在花灯上剪贴吉祥图案或民间故事人物；住宅上的窗花、墙花和门笺顶棚的花样剪贴。

三、绣花花样：衣服、鞋、帽上的绣织图样等。剪纸艺人专剪绣花之类女红的“样子”，又称粉本，以维持生计。

四、彩扎灯饰：剪纸灯花曾为灯彩增色，而当地制扎的灯彩尤为出众。

五、其他：灶花作图案等。蓝印花布用的镂花纸板。

1950年以前，颛桥镇每年农历正月半举行元宵灯会、九月初九举行重阳节庙会。《颛桥志》记载：“1922年颛桥工商界举办第一届重阳节，邀请商贩设摊赶节。从此一年一度。”1932年淞沪会战纪念，20多天灯会；

1946年抗战胜利，出灯7天；1950年庆祝“土改”，举行提灯会。颛桥人酷爱伞灯表演，每逢盛大喜庆场合必有伞灯出场，至今留下“颛桥灯越出越细（巧）之誉”。“淞沪抗战”那年，镇上三顶伞灯行街的盛况，人们至今记忆犹新。尤其是旧时逢年过节及庙会的灯市，花色繁多，造型生动，色彩绚丽，做工精巧，纸刻细腻，剪纸艺术往往在这其中获得用武之地。

2001年11月起，颛桥镇文化站特邀退休回乡的杜伟秋举办剪纸培训班，第一期通过3个月努力，13名学员的近600幅作品装帧了56块大版面，在2002年春节前后进入了12个居委小区进行了汇报巡展，吸引了众多社区居民，引起社会轰动。后持续发展，至今已办77期，参加培训者达2000余人。2001年建“倩影剪纸艺术团”特聘中国剪纸学会名誉会长林曦明担任艺术顾问。2003年4月起，又尝试把这民间艺术扩展到校园，先后在颛桥中心小学、颛桥中学举办剪纸艺术兴趣班，使学生掌握了剪、刻、画、转、挑等剪纸基本技巧。在此基础上，形成遍布各社区及中小学校的剪纸爱好者队伍。2003年4月，经上海市民间文艺家协会批准，成立上海剪纸学会颛桥分会。

《周若妹剪纸作品集》

2003年起，周若妹等组建“八贤艺术小组”，主攻徒手剪纸技法，作品连续在上海市和全国性展事中展出、获奖。

2004年，随上海“神剪”万洪城集体参加“中国剪纸艺术（温州）博览会”，作交流表演。2005年10月，八人被中华民族文化促进会剪纸艺术委员会吸收为会员。

经大规模举办培训活动，传人快速增多，风格日趋多元。在继承传统剪纸技法的基础上，又勇于大胆突破创新，将绘画中的立体透视效果融入到了剪纸艺术中，一改传统的平面剪纸为立体剪纸，创作题材也从“人”“鸟”“花”等转向气势磅礴的高山大川，风景独好的江南水乡，日新月异的城市新貌等。作品内容传统与现代相结合，表现手法粗犷与细腻、写实与虚幻相结合，艺术风格主要受林曦明、万洪城等海派剪纸前辈的影响，既继承传统剪纸细腻质朴色彩，又融合现代的粗犷、联想等元素，将书画和民间剪纸相交融，追求主题明确、图案简练、结构严谨、线条明快的风格，形成新的境界。

近年来，艺术风格日趋多元，逐渐分为以刻为主与以剪为主两种艺术流派，各具特色：刻：2001年11月起，在继承传统特色的基础上，探索将中国画的章法、版画的韵味以及西方绘画的透视技巧融入其间，并注重拓展题材，追求时代气息。现已形成“江南水乡”“城镇风貌”“吉庆纹样”“自然百态”等系列作品，颇具气势，独树一帜，给人以清新舒畅之感。剪：主攻徒手剪纸。难在进刀第一剪。要先细后粗，才能越剪越顺。颛桥的徒手剪纸技艺正在迅速发展，常在展演现场引人关注，凸显着民间艺术独特的魅力，潜力无限。

如今，颛桥剪纸作品一再应邀参加上海市、全国性民间艺术展事，还成为第五届世界实用菌生物学及产品大会、上海“大师杯”国际网球公开赛、第八届国际泳联世界短池游泳锦标赛馈赠国际友人的礼品。2005年

《颛桥剪纸》画册

11月，颛桥镇被上海市广播电影电视管理局评为“上海市民间文化活动特色区域”。2008年9月，在镇文化中心建立了“颛桥剪纸大观园”，既有了集中展示成果的基地，更有了常年开放的传承基地。还编印了大型画册《颛桥剪纸》，集中展示颛桥剪纸作品的风采。

经过数年努力，当地剪纸爱好者已达2200余人。剪纸活动走进千家万户，迁入新居时大多用大幅剪纸作品装点家园，遇上婚寿等喜庆场合常用剪纸作为贺礼。剪纸活动使在校学生掌握了剪、刻、画、转、挑等剪纸的基本技巧，充实了校园传统文化体育。剪纸艺术使人们的精神家园更显多姿多彩。

剪纸艺术传承活动的广泛开展，使文化建设特色更鲜明，机制更活跃，影响更广泛，发展更持久，推进本地区公共文化服务体系建设，形成地区文化事业发展的新高潮。广大群众成为文化艺术的创造者和享用者，激发起更多的本土居民参与文化建设的热情，更提升新颛桥人对地区建设的认同感和参与率，从而加快地区文明建设，推进经济社会又好又快的发展。

2009年6月，颛桥剪纸被列入《上海市第二批非物质文化遗产名录》。沐浴着和谐阳光的剪纸活动，已成为颛桥镇的文化名片，成为颛桥地区社会事业又好又快发展的一道风景线。

选自《春申潮》上海人民出版社

以“糕”的名义

顾敏敏

你有多久没过过重阳节了？忙碌的工作几乎让我们忽略了“重阳”这个中国的传统节日。今年（2016）的重阳，记者赶赴颛桥参加了一场“糕”的盛宴，这一场热气腾腾的糕会让秋风乍起的日子暖意浓浓。

手工灶上桶蒸糕

在《易经》中，“九”为阳数，九月九日，日月并阳，两九相重，故称重阳。古人认为这是个值得庆贺的吉利日子，很早就把这一天当作节

“九九重阳，颛桥糕会”带你领略一场民俗文化的盛宴

日过。

颛桥镇文体中心主任李士忠告诉记者，数十年来，重阳去颛桥赶集便是周边居民都十分热衷的事。每到这一天，颛桥镇上就会举办庙会，开办集市，还有各色行街表演，其热闹程度与春节相比有过之而无不及。

颛桥镇已连续8年举办重阳节主题活动，围绕“孝”“寿”“乐”，宣传爱老敬老的意义。从起初的镇级层面而后到区级，去年又被列为市级项目，而其特色也越来越明显，就是以“糕会”名义纪念重阳这个传统节日。既然是糕会，当然是“糕”要唱主角。沈大成、悦来芳、陆氏崇明糕、无锡软糕，还有本地响当当的颛桥桶蒸糕，在活动当中齐聚一堂。

说起桶蒸糕，那可是颛桥人过重阳节最亲切的记忆，它是颛桥地区民间纯手工制作的传统糕点之一，在本地已有上百年的历史，它选料讲究，按传统手工操作，食用时软糯香甜不粘口舌。桶蒸糕，顾名思义就是用木桶通过隔水蒸制软糕，其原料以上好的糯米粉与大米粉为主，通过将面粉、馅料层层垫入，最后轻压定型的方式完成制作。“有钱没钱，蒸糕过年”。过去农村里家家户户都有蒸糕迎重阳的传统，用特制的木蒸桶，亲手做松软香糯的桶蒸糕。然而，如今这种传统制糕法已日渐式微，本该推广传承的制作手艺却因为几乎已没有泥瓦匠会砌本地的灶头，或因城市化，农家灶头改用煤气灶

颛桥桶蒸糕

而逐渐失传。闵行现在也仅有一户农家在坚持，那就是阿小弟桶蒸糕。在这两年的颛桥糕会上，阿小弟桶蒸糕都几乎被卖"疯"。

"老虎灶烧旺，水烧开，一个老虎灶三个灶眼，沸腾的水汽咕咕作响……"谈及颛桥的桶蒸糕，几乎每一个颛桥人都能说出其做法，道出其滋味。"蜜枣糕、赤豆糕、白糖糕，我们颛桥桶蒸糕有好几个花色，味道都老灵咯！"即便现在不再自己亲手做重阳糕，在重阳节那一天，也一定会去买上一块，桶蒸糕对于他们而言，就是童年的回忆，童年的味道。参加颛桥糕会的转伞创始人孟顺全感慨地对记者说："吃到桶蒸糕，就像回到了小时候，想起家人做糕时的场景。"

罗大佑的经典歌曲《鹿港小镇》，因为其浓浓的"古早味"而牵动了许多人的乡愁。而桶蒸糕的味道对从小生长在颛桥的人来说也已经变成了一种乡愁，一种纪念。闻到桶蒸糕的味道，就能牵着记忆那头，找回关于

看着儿童画展，就好像回到了小时候

童年的珍贵线索。

“来晚了就买不到了啊！”“非买不可啊！”在颛桥糕会上不时会听到这样的声音，有居民甚至早上六点半时就到达现场等候购买重阳糕。在他们看来，没有重阳糕，怎么算过重阳节呢？

60年的爱情路

问起参与过今年颛桥糕会的人留下印象最深刻的是什么，十有八九会提到“99对钻石婚老人”的摄影展，一幅幅老人的恩爱笑颜让人心生感慨，在这个常常一不小心就“不相信爱情”的时代里，谁说爱情就是复杂的条件加套路？99对钻石婚老人的合影以及留言似乎正在向人们证明着，相濡以沫的爱情也许才是世界上最简单最单纯的东西。

此次（2016年）钻石婚的拍摄团队由颛桥镇社区学校摄影班15名学员和25名志愿者组成，他们定期在6月的每周二到颛桥文体中心为本镇132对钻石婚老人拍摄合影。很多老人一辈子没有化过妆，除了结婚照的一张合影外也无其他更多的照片。有的说，以前经济条件不好，根本没去拍过结婚照。有的带来了60年前的结婚照，遗憾的是，那年代连一朵花也不能戴，看不出这是有着特殊意义的结婚照。60年过去，照片里的男女主角容颜变了，但不变的是他们当时的默默誓言：执子之手，携手到老。

对于此次的拍摄很多老人和他们的子女们都是相当期待的，子女们拿出家里最好看得体的衣服给老人穿上，早早地送父母来到拍摄地点，陪同见证老人们的第二次“结婚照”。颛桥镇老龄办工作人员，同时也是本次照相活动志愿者小谢告诉记者，很多老人从未在脸上涂脂抹粉过，

会展现场的花卉装饰，吸引游客们纷纷摄影留念

化妆师志愿者为一对对钻石婚老人精心梳化，第一次化好妆之后他们都眉开眼笑。

谁说老夫老妻不懂浪漫，小谢和记者说起了许多让她印象深刻的事情：一对钻石婚老人在现场以亲吻方式秀起了恩爱，羡煞在场的志愿者们；热爱旅游的蒋云芳夫妇，尤其是老太太开朗的性格年轻的心态感染了现场所有的人，她不仅积极配合志愿者工作，还总是调解着现场的拍摄气氛；朱小妹和老伴发自内心的笑容让志愿者们纷纷赞许“这张照片拍得好！”；许敬光老人的子女第一时间发了朋友圈，骄傲地晒出父母的“结婚照”，顿时获得众多点赞并留言：“祝爸妈福如东海，寿比南山！爱你们的女儿。”家住繁盛苑的谢顺安夫妇在拍完照片之后，爱不释手，把照片裱好挂在卧室的墙上，每逢家里来客人，都会带他们去卧室看这张照片，像个小孩似的炫耀一番……这样的事例还有很多很多，让我们看到了

现场让人印象深刻的，莫过于99对钻石婚老人摄影展

老人们发自内心的喜悦之外，也看到了他们关于爱情最简单却也是最深刻的理解。

在颛桥糕会现场，作为照片主角的老人纷纷站在自己的照片边上让子女为他们拍照留念，还有孙辈们，三代同堂，成了糕会上最温暖的风景。主办方说，这99张展出的照片，每一张照片都值得认真去欣赏，每一句照片上的留言都值得仔细去品读。

一名参与钻石婚合影的工作人员对记者感慨道，什么是白头到老呢？这些钻石婚的老人们是真正的“从一而终”，在两人认识以前，他们大多没有其他恋爱经历，认识之后就是相伴几十年，没什么惊涛骇浪，也没有传奇般的大起大落，平凡二字就可以囊括一切。简单的约会过程和恋爱方式，铺垫和成就了比现代爱情更稳固的婚姻关系，以及更单纯的恋爱观。

这些钻石婚老人在他们的人生历程中，有过苦难和沧桑，有过奋斗和喜悦，漫漫的婚姻中，他们都有一段美丽的佳话，都有一段美好的回忆，都有一段坎坷的经历，他们相濡以沫，福祸与共，相爱永恒。

一起来糕会轧闹猛

在民俗中，九九重阳，因为与“久久”同音，九在数字中又是最大数，所以有生命长久、健康长寿的寓意。因此重阳节被定为中国的“老人节”。尊老敬老也一直是我们中华民族的传承美德，俗话说，“百善孝为先，一个孝字全家安。”“向社会传递好家风的正能量，这也是我们如此看重重阳节的真正意义所在。”李士忠说。

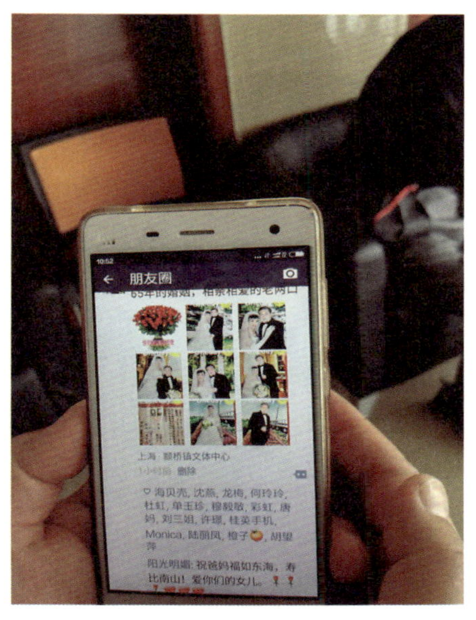

子女第一时间晒出父母的“结婚照”，顿时获得众多点赞

“重阳敬老，再现家风。这样的场景也常常出现在颛桥糕会的现场。”主办方的工作人员和记者说道。在活动现场设置的留言板前，常常有老人一笔一画认真地写下留言，或关乎家风家训，或关乎感恩祝福，有的还带着小孩亲笔留下姓名。“家有一老，如有一宝。”在颛桥镇副镇长马霞清看来，老人们用他们沉淀在岁月中的睿智，不断充实着家风家训的实质内容，后辈要做的，就是将

这些美德传递下去。

随着时代的发展，重阳节也被赋予更多的意义。对于许多老人而言，这一天不仅子女会来看望他们，一家人团圆相聚，也是老朋友们之间的聚会，结伴一起出去逛逛聊聊，颛桥糕会实际上是给老人们提供了一个非常好的契机。现在的老人心态都越来越年轻，像颛桥糕会这样精彩热闹富有意义的活动，老人们是非常乐于“轧轧闹猛”的。如年轻人一样，范建萍老人也经常把自己的生活动态发在朋友圈中和朋友分享，今年的颛桥糕会也是如此。“朋友圈一发，立马吸引了许多没来的朋友。”随着颛桥糕会越来越有名，吸引着越来越多的人，像范建萍这样为糕会“打广告”的人有很多，口口相传。“我这次发的朋友圈下面留言说明年要来参加的人太多了，我打算明年就在这儿办一场同学会，一边吃糕，一边叙旧！”范建萍眉开眼笑地对记者说。

以“糕”的名义相聚，“九九重阳，颛桥糕会”已成为具有地域特色的节庆，不能不说是创新之举。传统节日开展活动，让社区居民乐于参与，就要重塑、提升传统节日文化的内涵，使其与时俱进。许多年轻人参与了颛桥糕会之后，都感受到这个传统节日正在用更多创新的形式，让重阳节更加有意义。

李士忠告诉记者，每年举办颛桥重阳节主题活动都是“累并快乐着”，因为要策划一个使老百姓能够满意的重阳糕会，要动足脑筋花尽心思。当记者问及明年活动会有何新意时，李士忠笑而不答，只是说：“每一年都要来点不一样的！你们到时再来看吧！”

第三部分　星光点点耀颛溪

这些清代的颛桥名人

张乃清

一个钟灵毓秀的地方，自然会诞生出若干文人雅士、乡间贤达。在清代，颛桥就有不少名人，至今为后人所念及。

北桥五老多风雅

据《上海县续志》记载，清道光年间（1821—1850）有应文烈与郡增生陈亦保、诸生黄紫垣、武生张彬、布衣朱采，以明心教寺内的绿玉山房为诗酒雅集处，时称“北桥五老”。

朱采，字云亭，号冶仙。撰《云间名胜》、《峰泖补遗》，纂修《上海明心寺志》；应文烈，字铭勋，一字少璩，号鹤桥仙史。内行敦笃，与人无拘束。喜读《易》，日手一编以自娱。闲来喜作诗古文词，冲夷和易，一如其人。手辑《应氏宗谱》，体例精审。擅长汉隶，工楷法兼长。精于风水之学，远近延聘，至则为之，指陈得失，审断吉凶，而其意专以劝人速葬，不使久淹亲匶为主。著有《地理核要》三卷。享年七十岁。其子应斗桥，继承父业；黄紫垣，字桐君。诸生。工书，善墨竹；陈亦保，字肃庵。松江府庠生，书学赵文敏，兼精医学。闵行巡检沈祥煩素无病痛，而陈亦保认为其将会患有心悬气怯症。不久果然应验，幸被陈亦保治愈，乡人均认为神奇。著有《自讼斋医案》四卷。享年八十二岁。儿子陈能澍，字肖岩，继承父业，善地理，尤擅长针灸，著有《针灸知要》传世。其子陈先耀，上海县庠生。其孙陈廷诰，继承祖业；另有武生张彬。

天打郎中陈廷诰

陈廷诰，字屦墀，北桥名医陈亦保的孙子。继承祖业行医，擅长伤寒科，不计酬也不求名，乐于行善。

光绪三十三年（1907）八月，应塘湾乡董孙望山聘归，坐轿途经婴湖庙，突遇疾风猛雨，雷电震毙二名轿夫，而他端坐轿中未曾发觉，还问：“狂风大雨之中，轿子停在路旁做啥啊？”事后，乡人见其命大，人称“天打郎中”，声名益噪。

饱学之士孙华清

孙华清（1805—1877），字际康，号啸琴，北桥镇人，为清晚期本地著名塾师。

闵行镇上的李邦黻（1847—1912，乳名登儿，字梯云）是名士李林松（字仲熙，号心庵）的孙儿。年少在读时，正遇咸丰兵灾，社会动荡不安。他见母亲过于操劳，仍难解家庭贫困，便弃学转去经商，以求改变命运。同治二年（1863）夏，李邦黻经商到北桥，正巧路遇名师孙华清。孙华清一向器重他，见其弃学经商，便直言劝说道：“儒家子弟不应当废学，何况你是名门之后，可惜啊！”李邦黻不由深为感动，决然回家重新拾起学业。后来，他成为饱学之士。

光绪三年（1877）九月二十七日，孙华清逝世，享年七十二岁。李邦黻为其撰写墓志铭，记载了他的生平。文尾如此写道：

鸣鹤桥东，笃生我翁，贾名儒行，德声益隆。翁才盘盘，未究设施，阴行众善，唯恐人知。天既逸翁，潜光弗曜，诒厥后昆，后昆德肖。我为摭实，勒诸贞珉，中无愧词，以视后人。

年高德劭乔佳佑

乔佳佑，字芳虞，清乾隆年间北桥乡十四图人。祖辈廿居北桥。自幼性孝，早年丧父，故自号莪村。事父尤笃，父卒哀毁。母亲去世，又守孝三年，家境虽仍富裕，但自身日常生活仍然以节俭度日，尤其乐意周济困急乡亲。每逢天灾时，慷慨赈济，救活多人。为此，府县官师屡欲荐孝，乡人推举其为“乡饮宾”（乡间丰收庆典主持人），而他皆力谢之。江苏学使刘统勋（山东诸城人）旌其门额“年高德劭”。县令以其长寿奏旌，朝廷赐其八品冠服，并给粟帛。自古仁者寿，乡人称其为寿翁，享年九十四岁。内阁中书舍人、浙江山西主考官茹锡熊为其撰《八品冠带乔佳佑寿翁墓志铭》，刑部员外郎、中书舍人曹锡宝书其墓志。

善作画的如澈禅师

明心教寺禅师如澈（1894—1864），号碧泉，清代北桥人。自幼痛失父母，以教寺为家。兼通儒理，善作山水画，深得“元人三昧”。年逾七旬，预知圆寂，于同治三年（1864）坐化。幸有《墨梅》等画作传世，名列《中国美术家人名辞典》。

多才多艺之马昂

马昂，字若轩，清嘉庆、道光年间颛桥人。自幼聪慧，而年少家贫，全靠为人家补衣修鞋来谋生。颛桥镇上有个米行老板见马昂为人驯谨，便问他:“你愿意跟我学生意?”马昂称愿意，便进了米行。这天深夜，米行老板在睡梦中听得马昂房里传来诵读声，忙起身前去诘问。马昂说:“我在敞篚中看到《论语》第三卷，本想等你入睡之后诵读片刻，结果还是打扰你了，对不起。”而老板欢喜马昂的苦学精神，笑着说:“从今以后，不论日里夜里，你尽管诵读。”于是，马昂发愤进取，凡看到士人走过米行，便上前执礼问学求教。本地耆宿闻之，都来关心马昂所学，见他颖悟过人，教以诗古文，都能通晓。马昂心地善良，认为“学需有济于世”，便刻苦钻研灵素，博考医书，以求也能救死扶伤。后来，马昂被名医陈念祖（1753—1823，字良友、修园，号慎修）招置身边，巡游各地。

马昂返归家乡后，还喜爱收藏古钱币，著有《钱谱》。见有好山好水，便欣然作画。晚年所学仍然益进。闻听郡中叶氏家中藏有不少名人画，而且“清初画圣”王翚的作品尤多。马昂即前去临摹，便得其神髓，作品出众。评论者都说，松江画师学王翚者，马昂为首屈一指。

咸丰初年，马昂去世。

名医父子惠乡泽

朱以义，字武园，清代晚期北桥镇人。为人有至性，自幼好读书，博闻强识，却不想去应试谋求仕途。所著诗古文辞，斐然可观，尤精于医，非亲故不轻诊视。其教诲子弟，一向强调躬行实践，因此朱氏世为本地望族。

其子朱洞宾，字步云，上海县学庠生。十余岁而孤，事母孝，苦志求学。师从华亭县岁贡生陈醉六，文名甚噪，但他待人谦恭，坚持勤谨。后来放弃科考，专攻医药，成为本地名医。光绪三十一年（1905），与乔锡增联手创办“北桥公学”。

他们，从老街走出

张乃清

在民国时期，颛桥老街上也走出了一些时代骄子。他们才学出众，积极寻求新的人生道路，更为民族复兴奔走四方，颇具社会影响。

何杰才：激扬文字

何杰才（1894—1969），字其伟，号仲慈，为颛桥镇西街何元兴米行的杰出后辈。幼年就读于马桥强恕学堂，才华出众，一举考入北京清华学校。民国4年（1915），清华学校毕业后，有幸公费赴美国留学。民国6年（1917），耶鲁大学毕业，获学士学位。又入哈佛大学，次年获硕士学位。再入哥伦比亚大学，获国际公法学硕士学位。

旅美期间，何杰才曾担任《中国留美学生月报》总编辑（1920年11月—1921年6月）、《共和月报》社长、留美经济学会会长、中国驻美使馆随员、太平洋会议宣传处股长等职，著有《中日条约论》《英日同盟论》《山东问题之解决》等英文著作。

1922年，何杰才回国后，在北京从事新闻工作，亲任《英文日报》总主笔、《英文世界晚报》总经理兼总主笔。

1924年，何杰才步入政界，先后担任北京政府交通部秘书、外交部帮办秘书兼机要处主任、国务院秘书等职。他年仅三十岁，官职也不大，却亲身经历了北京政府几番变故的重大事件。

1926年，时局持续动荡，北京城异常纷乱，有志作为的知识群体恐慌地纷纷南下。何杰才随之返回政治空间宽松、文化市场发达的上海，寻求新的人生道路。

1927年3月，国民革命军到达上海后，何杰才出任上海市会丈局（后称清丈局）局长兼上海市代理交涉员。“会丈”为会同丈量之义，是租界内土地买卖必须要履行的一个手续。同年12月1日，他作为政要，应邀出席了蒋介石与宋美龄在上海举行的婚礼。

1928年2月起，何杰才担任南京国民政府外交部第三司司长，负责欧美事务。

一年后，何杰才再次离开政界，赋闲于上海家中。1930年，一度在上海交通大学等大学执教。

1932年6月19日，何杰才在上海加入新中国建设学会，这是个为挽救民族危亡而成立的文化救国团体，以“集合全国有志致力学养、共图国家及社会之新建设”为宗旨。9月1日，学会主办的《复兴月刊》正式创刊，何杰才为专任编辑，前八期每期均有专文，先后发表了《外交与复兴》《满洲关税问题》《读九国公约之今昔感想》《国联处理满案之经过》《论中俄复交》《远东风云紧急中之菲岛独立案》《美国对华外交之传统政策》《日本与委任统治地问题》等，1933年6月，发表《国民教育与外交》之后未再刊文。

1947年，受好友之邀，何杰才到南京国民政府充当顾问，但半年后即离职。

上海解放初期，何杰才在光华大学任教二年，后因患病离职。

1969年3月20日，何杰才在上海病逝，终年七十五岁。

侄女何锦心（1913—1991），为著名护理学专家。

施舍：为民族复兴投身教育

施舍（1891—1980），字养勇，世居颛桥镇南街。

辛亥革命爆发时，施舍正在南京门帘桥江南高等学堂格致科（理科）读书，听说上海发起剪辫子大会，异常兴奋。当晚自修时间，施舍与同寝室的夏桂初（闵行镇人）等六个同学互相鼓励，将长垂脑后的辫子剪掉了。当他们走过邻室时，见一个谭姓同学正伏案读书，便转到其身后，用剪刀剪断了脑后那根“猪尾巴”。好在谭同学也不生气。一群年轻人随即一起出门，去理发店打理已剪去辫子的头发。1912年春节，施舍在上海张园聆听了孙中山先生的演讲，深受鼓舞，更坚定了为民族复兴而奋斗的信念。

施舍走上社会后，先后在马桥强恕学校、上海和安学校、养正学校、敬业学校等校执教。1929年，他返回家乡地，担任上海县教育局督学。1930年起，担任上海县教育局局长，锐意革新，业绩显著，颇具社会影响。1934年后，离开上海县，出任中华职业教育社及中华职业补习学校总务主任。1937年，与秦锡田、黄蕴深、乔念椿等发起建立上海邑庙（城隍庙）董事会。1939年起，担任震旦女子文理学院附中教员。1945年10月起，在上海市社会局兼职。

1956年后，施舍为上海市文史馆馆员。

1980年1月20日，施舍在上海病逝，享年八十八岁。

“江苏怪人”张翼

张乃清

“江苏怪人”张翼

“江苏怪人”，这是人们赠给民国时期上海县（隶属江苏省）社会教育家张翼先生的雅号。当年曾有人为其作诗画像称：“此翁真古怪，饥寒都不怕。力行新生活，节约示模楷。热心为地方，冷面见官衙。混混浊世中，突兀遂称怪。”他为人宽厚，生活俭朴，乡亲们称颂其“东西南北一双脚，春夏秋冬两件衣”。他不畏势利，耿直敢言，在创办社会教育事业中，功绩卓著，享誉上海及当时的江苏省。

拜陶行知为师

张翼，字凤三，1899 年 6月 5 日（清光绪二十五年四月二十七）出生在颛桥镇北街。父亲张国华，字达卿，系同盟会会员，任乡议会议长时，为家乡创办了颛桥学堂。张翼在父亲办的学堂毕业后，考入设在闵行镇西浦滩的县立乙种农业学校学习农艺。1917年农校毕业后，经友人介绍进上海商务印书馆工作。年仅18岁的张翼在商务印书馆勤劳肯干，刻苦好学，结识了不少热心于教育事业的人士。遗憾的是他体质较弱，不及3 年就因患病辞职回乡养疴。但是，在上海商务印书馆工作所受的熏陶，对他以后一心致力于地方文化建设和农村教育事业产生了深刻的影响。

“教育救国”、“科学救国”，是旧中国无数有事业心的爱国知识分子所仰慕的方案。张翼也如此期望。1920 年起，他即投身于农村教育事业，在一所乡村小学任校长近5 年，又继承父志在颛桥镇创办中心小学，任校长。1926 年，著名教育家陶行知先生倡导“办乡村教育”，提出“教育必须下乡”，“知识必须给予农民”的号召，并于1927 年 3月在南京北郊崂山脚下创办晓庄师范，提倡“生活教育”。张翼对陶行知主办的“中华平民教育促进会”仰慕已久，得知南京晓庄师范开班并实践乡村教育的理想，就写信联系要求到晓庄师范进修，拜陶行知为师。1928 年 5月，张翼不顾年近30岁，毅然卸职奔赴南京投身晓庄师范，以实现自己多年的夙愿。在陶先生的指点下，张翼对乡村教育的认识更深化了。陶先生对这位来自乡村教育第一线的学生非常赞赏，进修期满，欣然为张翼题赠一幅书联：“吃得苦中苦，方为人上人。”此后，张翼就是按照陶先生的教导去追求生活和努力践行的。

为地方建设尽心

从南京晓庄师范回到家乡，张翼从1929 年 1月起，在上海县立乡村师范和乡村中学任教。期间，自订教学纲要，开展民教活动。不久，听说江苏省主席钮永建在家乡马桥私人捐资筹办俞塘民众教育馆，便赶去参观学习。他深感办民众教育馆是推行"生活教育"思想，提高民众文化素质，发展地方经济的好形式，于是，他便与家乡人士商量，筹建颛桥农民教育馆，被公众推为馆长。县立颛桥农民教育馆（又称上海县农民教育馆）有农田 15 亩，开展农事试验，并在北桥、马桥、塘湾、曹行、三林、陈行等地设立棉花种植示范田，提倡科学种田，同时，还创办了鸿英小学等 7 所乡村小学。

颛桥与马桥相距不远。俞塘民众教育馆由钮永建亲自担任顾问，在江苏省的平民教育活动中起着龙头作用，而颛桥农民教育馆由于努力实践陶行知的教育思想，工作更显出色。到农民教育馆参加活动者纷至沓来，活动内容也丰富多彩。除了开办民众夜校，还派学员广设问字处、代笔处等，在当地掀起了识字补习的扫盲热潮；举办耕牛比赛，改良种籽和农具，推广先进耕作制度和技术，有力地促进了生产；又举办婴儿健康比赛，定期举办农民运动会，组织传授中华武术，引导乡民注意增强体质；并创设施医局，改善医疗卫生条件，邀请名医秦伯未、东德逢等前来应诊，号召民众讲究卫生习惯；创办农业科技图书馆，建立青年业余剧团，演出通俗曲艺，活跃文化生活；召开敬老会，创建便宜公墓，提倡改良风俗，使当地乡风日益清新。

最令人击节赞叹的是张翼举办的"土布运动大会"。上海县是元代棉纺织革新家黄道婆的故乡，土产的棉布曾作为上海四郊农民的主要生财之道。后来随着舶来的"洋布"日趋行销，土布因质粗色暗，在市场上遭到冷落，也直接影响了以植棉织布为生计的农民。1931 年以后，大量日本"洋布"倾销上海，更威胁着农村的土布生产。张翼对此情此景无比感慨，他积极宣传、动员乡民改进土布质量，创办了拥有15架织布机的真善美土布织布厂，并协助有关部门开设土布商店，举办土布展览会，用以激励民气，促进土布生产，发展农村副业。1932 年 6月，为抵制日本“洋布”，唤起民众爱国意识，张翼组织上海县农民到南市蓬莱国货市场，举办别有情趣的“土布运动大会”。开幕式上，蓬莱市场创办人、近代著名实业家匡仲谋亲自上台宣讲提倡国货的意义，胡蝶、陈玉梅、高倩萍、夏佩珍等十多位电影明星身穿土布旗袍，一起登台亮相，观众为之轰动。所陈列的土布，图案新颖，色彩自然，质优价廉，被人们争购一空。一时，沪上淑女争相以穿土布为荣，上海中学、务本女中等学校用大芦纹土布做成校服。当时的《申报》报道了这一盛况，称赞其成功。这个土布运动，很快扩展到苏、浙两省，产生了巨大的社会影响。

经过张翼的努力，颛桥镇及其周围地区的面貌大变。黄炎培先生等倡办的中华职业教育社把这一带作为沪郊农村“改进区”，继续进行乡村建设实验。“漕河泾农学团”主持人、教育家黄齐生（王若飞的舅父）在参观颛桥中心小学后感慨地说：“校长张凤三君朴实耐苦，以身作则，天未明，即起身”，“张君除小学校长外，尚兼农民教育馆馆长、颛桥镇镇长、区分部执行委员。所入薄而责任重，此以见人才之难。”

为抗日救亡尽力

1937年夏，“八一三”事变的战火笼罩上海滩，打破了市郊的安宁，也惊醒了张翼。他满怀爱国热情，发起成立上海县抗战后援会，组织力量支援淞沪前线抗战将士。

上海沦陷前夕，张翼挥泪告别故乡父老，率8个颛桥人，随黄炎培等中华职业教育社的同仁撤退。他们经南京、合肥，到武汉，又转入湖南，一路上开展救济难民的工作。1938年3月，张翼在长沙担任江苏失学青年工读服务团社会服务部主任，负责组织接济工作，受惠的江苏籍流亡青年有数十万。他又创办《苏讯》报，报道同乡近况，以鼓舞抗日斗志。此报因刊载柳亚子的一首诗作，遭当局勒令停刊，江苏旅湘同乡会建立后，他就出任秘书长，帮助大批上海同乡解决就业问题。在抗日救亡的烽火中，他仍坚持从事平民教育活动，把一切奉献给了社会。为此，他兼任湘桂铁路教育实验区主任。1940年3月，又开办职工夜校、工人子弟学校等。他在家信中这样写道：“我二十年来，以整个身心贡献国家”，“国难当头，匹夫有责，应为社会服务，以尽国民之天职。”

长沙沦陷后，张翼与江苏同乡会同仁转移到衡阳。1944年春，衡阳又遭日军围城，形势危急，张翼立志与抗战将士共存亡。守卫衡阳城的方先觉军长再三劝阻，并托其帮助照料家眷赶快撤离，他才改变了殉国的念头。在方军长委派的警卫兵黄子敬的护送下，张翼脱险到达重庆。因为这段生死之情，张翼与黄子敬就此结为知己。

抗日战争一胜利，张翼更繁忙了。他辗转在湖南各地，帮助同乡联系返回家园，并收埋为抗战而牺牲的烈士骸骨，营建公墓，以慰英灵。直到1947年春，他因家中连续来信，称母亲病危，才将所承担的诸事料理定当，回到阔别近10年的上海。湖南人黄子敬慕其节气，随他来到颛桥，甘愿不计报酬，终身侍奉。乡亲们见张翼带随从回乡，以为他在外为官数年，必然宦囊殷实，但只看到他带回一只皮箱子，猜测箱内必有珍宝。时临盛夏，张翼吩咐黄子敬将皮箱放到空旷处暴晒。邻居闻讯齐来观看。谁知箱子开启，是一箱子小脚鞋子，小者3寸，大者不过5寸。黄子敬当众解开了谜底，原来张翼在湖南做了许多好事，湘人受惠甚深，得知他要回归故里，就纷纷前来送礼辞别，但张翼一律婉言谢绝。而有位寡妇别出心裁送来了一双3寸金莲鞋，精致美观，张翼喜欢就接受了。消息传开，送鞋者络绎不绝，有穿过的，也有祖传的，更有连夜赶制的，既开先例，只得笑纳，因此装了一皮箱。

为社会服务尽职

回到家乡后，张翼即被推选为上海县参议员。他热心支持地方办学、修桥铺路等公益事业，使当地好几所因抗战而停办的乡村小学及时复校开课。当时，颛桥地区还没有一所公立中学，民众强烈要求兴学，但当局以经费不足为由久拖不决。张翼便发起社会募捐，借用庙宇作校舍，亲自聘请教师，使颛桥职业中学（今颛桥中学前身）于1947年7月首次开学。

当年12月，张翼创办了发行江苏全省的《明心报》，自任社长兼主编，及时报道地方新闻，反映民众呼声，推动他倾心从事的社会教育事业。

这时，钮永建又计划在马桥恢复省立俞塘民众教育馆，特聘张翼为馆长，使他又有了实践陶行知教育思想的广阔天地。1948年2月15日，俞塘民众教育馆正式恢复活动。张翼借助当年办颛桥农民教育馆的实践经验，更大规模地组织起平民教育活动，使之成为苏、浙、沪地区平民教育的一面旗帜。他精心制订教学纲要，研究民众教育的途径和方法，大力培训师资人才，辅导邻近九个点的工作。可是，由于当局腐败，时局动荡，张翼的“教育救国”的计划无法全面实现。

张翼身为县参议员，除了繁杂的本职教务工作外，还承担社会公职，如调解民事纠纷，讨论公益事业。在每次县参议会会议上，他总要直言，呼吁当局兴利除弊，重视保障人民大众的生活和安全。至今可查的会议记录本上，记满了他对《刑警欺民案》《物价案》《教育经费案》等的慷慨发言，句句都在为老百姓说话。他文思敏捷，有一枝雄健的笔；他有演讲天才，随时会使听众捧腹；他每天工作20小时以上，倦意来时便大声吼叫；他四季都穿一身土布中山装，冬不穿棉，抗寒试志；他食不择精细，居不嫌陋室，出门安步当车，办事干净利索，对公益之事，能为人所不敢为；他家没有买过一亩田，也没造过一幢楼，以致日后“家庭成分”被评为“贫农”。

1949 年 5月15日，国民党军队从浙江经松江溃退上海，工兵连长接到任务，为阻拦解放军追击，沿途公路桥梁要全部炸毁。颛桥镇上有3座环龙石桥，工兵连长率兵赶来时，张翼挡在桥头，抱拳说道：“这镇内石桥，远距公路，解放军大队人马不可能走小路上石桥的，官长应手下留情，免了吧。”连长恶狠狠地说：“军令难违，谁敢不从，就地正法。”张翼趁势说：“既有军令，我愿到司令部当面问个明白。”说着就要坐上吉普军车，弄得连长十分尴尬，只得开车而退。当时，松闵、闵沪公路沿线各镇无不受损，唯有颛桥镇太平无事，人们齐夸张翼有功。

上海解放前夕，国民党元老钮永建为张翼买好了去台湾的飞机票，并亲自上门劝他一起离开大陆。但张翼坦然地说：“我对民众没有做过坏事，何必跑到台湾去。”上海县一解放，首任上海县人民政府县长史济中，久闻目睹张翼的清廉公正，就派通讯员去请他来叙谈。而通讯员是个农民出身的粗汉，走进张家大门就高声呼唤：“哪个是张翼？史县长叫你去。”张翼初次面对共产党干部，不动声色地说：“是县长叫我，还是请我？”通讯员问：“叫又怎样，请又如何？”张翼一屁股坐了下来说：“当然有区别。如果我犯了罪，那不仅是叫，还要捆上绳子；至于请，则要下请帖，至少写张便条。你说不清楚，我是不去的。”通讯员气呼呼地回到县府，向史县长作了报告。史县长自责地说：“想不到张先生品质如此高尚。怪我疏忽不周，应当发个请帖，既已如此，我亲自上门赔礼去。”他随即登门求教。张翼为此感动，出门迎接。两人执手登堂，交了知心朋友。

中华人民共和国成立后，张翼继续积极参加政务活动。历任上海县各界人民代表会议副主席、苏南行政公署人民监察委员会委员、江苏省各界人民代表大会代表等职。1953 年起，任江苏省人民政府参事室参事。他的怪脾气依然不变，民间至今流传着不少轶事佳话。他年过五旬，出外办事仍爱步行，戏称“坐八路电车”。每月领取工资后，往家中只寄12元，其余均用于公事。爱用明信片及时向政府有关部门反映民情民意，每份百余字，简单明了，每周都有一两次。在南京出席第一届江苏省人民代表大会时，正值寒冬，黄炎培先生见他仍不穿棉衣，只穿土布夹衣，特意脱下自己的羊皮大衣，朝他身上一披，并劝他保重身体。张翼只披了半天坚持奉还，说：“皮衣原璧，盛情多谢！”黄炎培说：“这是我送给你的，不可推也！”张翼却一本正经地答道：“本人平生立有信条：不受任何馈赠。今日您任老所赐，卖卖面子，才披上半天。”黄炎培收起大衣后哈哈大笑，说：“如此说来，我怎敢有累怪人清德！”

因张翼敢于直言，指责时弊，1958 年 4月在“反右”中遭到不公正的待遇，被下放到江浦县瓦殿茶果场劳动。1960 年冬，扫雪时不慎跌伤，下肢骨折，因此长期病休。1962 年被聘为江苏省文史馆馆员，11月起留职回家休养。“文化大革命”初，当地群众没人贴他的“大字报”，后因他有所谓的“历史问题”而备受折磨，以致下肢瘫痪。

1975 年12月16日，张翼因患脑溢血逝世，终年 76岁。1979 年 5月，中共江苏省委统战部为他平反昭雪。尽管张翼在晚年未能有所作为，但他的美德和品格仍一直激励着后人奋发有为，造福于民。

选自《春申澥》上海人民出版社

我在颛小做地下工作

谈　勋

我在1944年下半年到颛桥小学任教。颛桥小学，是我人生转折的地方，终生难忘的地方。翌年7月，我加入了中国共产党。介绍人华介眉同志（现名陈正华），无锡人，日伪在澄锡虞地区进行“清乡”时转移到莘庄，1942年在西河浜小学任教时和我相识。我参加了他发起的组织“青年读书会”。他离开莘庄后，一直和我保持着通信联系。

1945年2月，为了配合主力部队解放上海，新四军淞沪支队（朱亚民部队）奉命从浦东转移到浦西，华介眉接受了在沪杭铁路沿线组织“地下军”的任务。3月中旬，来到颛桥小学，向我透露了他是共产党员的身份，讲了组织“地下军”的事，希望我和他一起干革命。当时我又惊奇又兴奋，表示愿意为“打东洋”效劳。以后他常来颛桥小学，暑假开始后则常借住在校内，当时只我一人住校，较安全。他把颛桥小学作为一个工作据点，我的工作任务，首先是掩护他的安全。解放后我才知道，当时沪杭铁路沿线的梅陇、莘庄、新桥、茜蒲泾、华阳桥以及武装单位莘庄的伪军、梅陇日军爱路班里都有共产党员。他经常早出晚归，就是到那些地方去活动。为了配合淞沪支队到路南（沪杭铁路之南地区）来活动，华介眉要我刻印了数十份宣传抗日战争的胜利形势，淞沪支队歼灭日伪军的消息，以及对伪军汉奸残害老百姓的罪行提出警告的传单，我在颛桥镇张贴了10余张，其余由华带走了。为了开展宣传教育活动，华介眉带来《续西行漫记》等进步书籍，我自己则订了《苏联文艺》、《时代》等刊物。在华介眉离开前，除了介绍我入党外，还确定了两个发展对象：何念训和倪克孝。何已写了自传，华也找她个别谈了，后因形势急速变化，华走了，到1946年才由我介绍何念训入党。她也是颛桥小学教员，后到江境庙小学任教，1948年6月病故。倪克孝曾表示，新四军来了，一定参加工作。解放战争时期，他帮我做了不少事，如协助建立"众安阅览室"。我们去黄益仁家请愿时，他联系颛桥镇上层人士张翼等打电话给黄，希望帮助解决欠薪问题。1948年胡训谟要我刻印了数十份毛主席《在晋绥干部会议上的讲话》，因在预约的时间、地点未能见到胡，拿回来后就藏在倪的家中。但因他在1947年当了众安乡乡长，故在1949年3月才发展他入党。

1945年8月15日，日本宣布投降，当时华介眉在上海，听到胜利消息后，直接去了青浦。过了段时间，他来信告知我组织上已决定他北撤，让我等待组织派人来接关系。

1946年3月，来接关系的是李特英同志（真名雷霆，解放后任松江地青委宣传部长），他讲了当时形势，说我们党力争和平，但也要准备内战，地下党要坚持"长期隐蔽，积蓄力量，以待时机"的方针。

1947年暑期中，李特英来信说改由曹友梅同志联系领导我，并要我介绍曹进颛桥小学任教。李世逸校长同意了。两个月后，曹友梅被组织调走，胡训谟（在颛小叫胡云峰）以曹请的代课老师的名义来颛桥小学任教。寒假中，胡的上级组织出了问题，避走嘉兴，给李校长写了辞职信。1948年下半年，胡训谟回到华阳桥，为配合上海解放，筹组游击队。

1947年下半年，何念训不幸发现患了肺结核病，在家休养。为了多接触群众，宣传进步思想，我和她共同筹办了“众安阅览室”（颛小大门西边第一间房屋内），陈列有《文萃》、《民主》、《周报》等进步刊物，那些刊物经常登载上海市以及其他地方“反饥饿、反内战”民主运动的情况。同年，颛桥一些爱好文艺的青年刘洁、陈阳等发起组织“颛桥青年文艺社”，并在《明心报》上出版副刊《轻轮》，开始时的稿子，是由何念训编辑的。经过一段时间的培养和考察，在1948年春我介绍陈旭同志入党。

何念训爱好写作，在养病期间，写过多篇文章，为《文汇报》、《家》等报刊采用，并与《家》的编辑荣自芳交上朋友。荣很同情何的不幸，故请《家》杂志社帮助，让何念训去闵行疗养院疗养约半年。何在疗养期间，由颛桥小学的同事介绍，认识了家住闵行的孙水观、陈龙英（现名陈洁）。她俩不满社会现实，赞美民主运动，追求进步思想。经过宣传教育，彼此了解，在1948年上半年，由我和何念训介绍她俩加入中国共产党。以后孙水观来颛桥小学任教一个学期。1948年下半年孙去奉贤县任教，解放前是南桥地下党支部副书记。

上海市郊区的地下党，负有武装斗争的任务，当时浦东有游击队“浦东纵队”，奉贤县西乡有一些武工队员。1947年下半年，为待机能搞到武器，何念训对担任松江县颛桥镇自卫队队员的邻居王德贤做工作，并经她介绍使我与王交上了朋友，我不时向他了解一些自卫队情况，进行一些形势教育。后来发生意外事故，王枪走火伤人致死，被判刑。但对他的教育还是有意义的，上海县解放后，他就参军加入上海县大队。

1948年下半年开学后，教师们被欠薪数月，而此时物价一日数涨，生活非常困难，不满情绪越来越高涨。我利用这种形势，在11月6日，提议和动员李政等10余名教师去马桥上海县参议长黄益仁家请愿，要求他为民请命，速发欠薪，以维持教师生活。倪克孝也联系颛桥上层人士张翼等电请黄帮忙，支援我们请愿。我们在黄家吃了晚饭，他答应隔日到北桥上海县党部再谈，我们去了，他却以无能为力为由，一推了之。我们则提出“全体教师总请假”来回应他。回到学校后当晚，我和李政同志商议起草和刻印了希望全县教师于11月11日去北桥上海县政府请愿索讨欠薪的倡议信。信是以颛桥小学教师的名义发往全县各校的。教师生活太苦了，实在忍无可忍了，我们抓住了这个时机，那封倡议信，把浦东浦西原本与我们素不相识，毫无联系的不少学校的教师发动起来了。11日那天，到北桥请愿的教师约七八十人，斗志昂扬，高喊一句话：“要吃饭”，并坚持要县长俞月秋出来答复。俞被迫出来接见，在威胁一番后答应尽快解决欠薪问题。几天后，教育局派人来校发了欠薪，索薪斗争以胜利告终。李政表现很好，由我介绍加入中国共产党。

1949年上半年，胡训谟在华阳桥组建了游击队，他叫我去那里工作。松江解放后，游击队被整编，我被分配在松江军分区工作。

（作者系解放前中共地下党员，1946至1949年在颛桥小学任教）

选自《世纪记忆——百年校庆纪念文集》上海社会科学院出版社

永远是个兵

曹士飞 口述　吴凯年 整理

我叫曹士飞，1932年9月出生。算起来今年（2015）八十三岁了。老家住北桥西街，家有兄妹五人，父母开了一家烟杂小店。靠着父母的辛勤，小店还能勉强维持全家人的生计。好景不长，日本鬼子东洋人打到了上海，打到了北桥，我九岁那年，日本鬼子不分青红皂白抓走了我父亲，在鬼子牢里，吃尽了苦头，受尽了体罚，母亲东奔西走、求奶奶告爷爷才把父亲保释了出来，父亲虽然出了狱，但身体情况一直不好，不久就含恨离世。父亲离开我们以后，家里这么多的嘴要吃饭，母亲为了生活，为我们招了一个继父。继父待我们很好，十四岁那年，我读小学四年级，全家七口人要吃饭，难啊！在艰难的生活面前，继父征求我的意见，家里生活这样难，是不是不读书去学门手艺当学徒？为了减轻家里负担，我考虑以后，毅然决定去当学徒，自己养活自己。

颛桥南街有家刘友仁铁店，老板厚实豪爽、仗义和气，他本人就是铁匠师傅。托中间人介绍，我十四岁那年就到了刘家铁店当起了学徒工。旧社会三百六十行最苦有三行，就是“撑船、打铁、磨豆腐”。看着这家面东的铁店，炉子、铁镫、风箱、铁榔头，我心里已经作好了吃苦五年学徒的思想准备。师傅待我还可以，看我实在太小了，每天让我做一些学打铁的杂务工外，只要求我把地扫干净，水缸里不断水。从此，我每天扫地、挑水、打铁、拉风箱，机械地劳作着。十六岁那年，颛桥解放变天了，我心里也开朗了许多，好像身体里有一股使不完的劲。不久，朝鲜战争爆发，我参加了街道、镇里组织的各种“抗美援朝、保家卫国”的活动，白天打铁，晚上上夜校学习，使我知道了外面的世界，懂得了许多革命道理。在获悉镇政府动员青年参军保家卫国的消息以后，我热血沸腾毅然报了名，师傅恩如父母，也舍不得我离开，但为了国家，我一定要上朝鲜。旧社会还有一句话：“好男不当兵，好铁不打钉”。我打铁出身，应该讲：好男为国要当兵，好铁就是要打钉。1952年，我胸戴大红花参加了中国人民志愿军。颛桥镇领导把我送到松江，和其他新兵一起直接上了火车，经过二十天的颠簸到了邻近朝鲜的丹东。参加了新兵短期集训就补充到六十四军1904部队568团。部队战士大都是翻身农民，不识字较多，我有四年级程度，也可算一个小知识分子了。集训结束，我分配到了团政治处、后勤处，后来到营部跟教导员当公务员。

举世闻名的上甘岭战役打响了，敌人的飞机掌握了制空权，在上甘岭外围疯狂滥炸，破坏铁路。我们两个团的任务是日夜监控天空，高射炮保护施工部，还击敌人飞机，修复铁路、桥梁，保障二十四小时弹药、给养供给运输线畅通。敌人白天炸，部队基本上就尽量晚上干。在严寒的冰天雪地里，在敌人飞机的轰炸攻击下，我们许多战友为架桥、修铁路献出了年轻的生命。中朝军队并肩浴血奋战，在1953年7月，终于迫使美国、南朝鲜李承晚集团签订了停战协定。停战了，我也在当年随部队回到了祖国本溪市，先接到命令进了教导队集训，后奉令参加接收苏联红军防务、物资、基地移交。移交工作一结束，便加入了由开国少将吴忠师长组建的新中国第一个机械化师，成为其中的一员，在连队获上士军衔，并光荣入党。1962年晋升少尉，1964年晋升副连中尉。

1967年我离开服役15年的部队转业到了南京国家计委331处工作。为解决夫妻分居两地，我调回了上海，分配在爱人工作的闵行颜料化工厂当工会主席。我育有一子二女，子女工作稳定、追求上进，对我们也很孝顺。退休以后，我在南街开了家烟杂小店。现在，老夫妻俩有养老金生活，区民政局每月还给我一千多元的志愿军老兵补助，平时，我也参加了秀龙居委党员宣讲团活动。感受现在的生活，想想自己的父母、继父、师傅、长眠在朝鲜的牺牲战友，我感到现在很满足。说句心里话，我爱我的国家，更爱我的家乡——颛桥。只有出过国门、打过仗的人才能真正感到家乡的可爱和今天生活的幸福。我永远地珍惜十五年为国当兵的历史，也永远记住我是一个兵。

选自《五十年代之颛桥琐忆》

吴颐人：依然学童

赵　韵

10月下旬，闵行连日阴雨绵绵。

22日那天更是倾盆大雨。一早上，我便担心不已。因为当天下午在七宝有一场“吴颐人艺术世界”开幕典礼，作为与吴颐人先生有过一面之缘的我也受邀参加。

临近中午，我特地与吴颐人先生电话确认开幕式是否如期举行，他斩钉截铁地告诉我，“风雨无阻！”

巧合的是，到了下午仪式快开始的时候，瓢泼大雨竟然硬生生停了下来，为开幕式留出了一个空隙。我暗自笑道，老天似乎也吃不消老艺术家的“执拗”劲儿。

竟然要给毛驴翻案

在我的印象里，艺术家们多多少少都有些“执拗”的小脾气。这也可以理解，没有几十年如一日的固执钻研劲儿，也确实无法在艺术上取得一定成就。

吴颐人给人的感觉还是非常低调、随和的。比如开幕式那天，作为主角的吴颐人穿着一件普普通通的运动夹克，混在人堆里，与每一个前来参加开幕式的客人打招呼，陪朋友四处转悠，讲解自己的作品。到了正式剪彩的那一刻，也是把最中间的位置让给了自己的老朋友——九十二岁高龄的著名指挥家曹鹏先生。随后的研讨会上，本来吴颐人和被邀请的一些艺术领域的知名人士正在陆续发言，转眼他却突然离开了座位，去旁边角落里拿了把折叠椅，一时众人都满脸莫名。随后看到他搬着椅子走到屋子一头摄影记者们边上，把它给了正站着调试摄像机的摄像师。我参加过无数场发布会，这是第一次碰到给摄影记者搬椅子的发布会主角。当时那位摄影记者非常激动，连声说谢谢，而吴颐人则摆摆手坐回了自己的座位。

在接受我采访时，这么个内敛随和的老先生一开口，却带上了点“执拗”劲儿。“我最近打算为毛驴翻案。”他兴致勃勃地说。

“毛驴？就是张果老骑的那个毛驴吗？”我问。

笑言要给毛驴翻案，因为他觉得驴很有“人文情怀”

“你看，一提到骑驴，你们想到的不是道士就是落魄文人。我很同情毛驴，其实驴很可怜的，它代表的是最底层的劳动人民。你看，它吃的差，干的活儿又累，拉磨拉车，还老是被人骂，蠢驴！”说到要为毛驴翻案的事儿，吴颐人有些激动。“凭什么说驴一定蠢呢，也有很聪明的驴啊，还有些人自己脑子不好，就说脑子被驴踢了，其实驴何其无辜！”

“这倒是真的，我们常说骑驴找马，自然而然的驴就比马低了一个档次了。”我说，“不过在我心目中驴还是很有文人情怀的，好多诗人学者都是在驴背上创作出佳作的。”

“成名了之后，考上状元了，就改换高头大马，把毛驴抛弃了。自古状元行街都是高头白马，落魄文人才骑驴。”说到这，吴颐人显得有些义愤填膺，“所以我特地给驴题词：历尽坎坷路，来去见聪明，笑我蠢驴者，未必是高人。”

我被这位艺术家难得的“小脾气”震撼了一下。不过事后仔细想想，又觉得这确实像是吴颐人会说的话。“爱驴之意”其实也是因为他的“淳朴之心”，驴代表着一种勤奋劳作、艰苦营生的平民意识，这与吴颐人推崇的返璞归真的艺术思想是很一致的。吴颐人沉迷汉简与岩画，这两项都带着浓浓的“地气”。汉简是普通劳动人民书写的书法，如戍边将士的墨迹、医生开的药方、百姓间的往来书信，充满

吴颐人著作《汉简题汉画》

这生活气息。而岩画艺术，更是上古时代农民、牧民们释放天性、带着对大自然最原始的崇拜和热爱，在大山崖壁上创作出的作品。这是人类童年的美术作品，那时候甲骨文都还没有。它们的共性在于，都很真实，很淳朴，很“平民”。

谁说年纪大了不能骑马

吴颐人对岩画的热爱，是花了大力气的。

因为岩画主要存留于关外，大多是古人爬上山顶创作或是绘制于山洞内，若要亲身观摩，考察起来尤为费劲。上世纪90年代起，吴颐人就开始四处寻访留存于世的岩画作品。吴颐人第一次前往贺兰山考察岩画时，就被那些自由奔放、线条简朴却形神具备的古人作品震撼到了。

“岩画大多是少数民族创作的，很多代表了他们的游牧文化，岩画的题材很多是动物、狩猎、战争等等，非常奔放传神。还有很多代表农耕文化的岩画作品，很有生活气息。古人根本没有学过这些艺术啊、笔法之类，但就那么几笔，我们都能看出来他们想表达什么。”

千年前的岩画作品，画在半山腰以下的多是已被磨损了的，想要研究完整的岩刻作品，就要爬上崖壁了。这对于已年过七十的吴颐人来说，自然不是件容易事儿。

“攀岩、爬脚手架，我身体没问题的。我现在每天下午都要从莘庄龙之梦沿着北边的路走上一个小时，锻炼身体。”吴颐人说，“这几年我常和学生一起去广西、云南、内蒙古这些地方考察，今年还准备再去内蒙古寻访岩画及首次出土简牍之地。其实上次就想去了，但出土简牍的地方在内蒙古额济纳旗，之前去的时候问司机远不远，司机说，不远，还有150里。吓得不敢再提。不过这次一定要去！”

说着说着，艺术家的“执拗”劲儿又起来了。“上次去内蒙古的时候，我看那些蒙古马，跑起来特别漂亮，还有野性，我就要骑上去。当地人还不让我骑，说我年纪大了不能骑这样的野马，我就不服了，一定要骑上去！”吴颐人拿出手机，打开相册让我看照片。“你看这三张照片，把我骑马的过程全拍下来了。”我一看，一张是踏着马镫正向上发力，一张正腾空而起翻身上马，最后一张是抬头挺胸骑在马背上的照片。“看吧，谁说年纪大了不能骑马！”吴颐人略带自豪地说。直到现在，他的微信头像仍是在大草原骑马时的照片。

提起考察，这里还有个故事，是艺术评论家郭舒权说的。有一次他和吴颐人一起去贺兰山考察，在景区门口，有个卖石头的地方，一个年轻的小伙子在那里刻图章。吴颐人在旁边看了一会儿，问他，“你也是刻图章的？”小伙子说：“是啊。”“你跟谁学的？”小伙子拿出一本《篆刻五十讲》，说，“我跟着这本书上写的自学的。”同行人一看皆哈哈大笑，“小伙子，你可知，他就是这本书的作者吴颐人呀，算是你师父了！”小伙子当时激动得不得了。从这个角度讲，吴颐人真正算是桃李天下了。

吴颐人著作《篆刻五一讲》

其实吴颐人热衷的还不仅仅是国

吴颐人对艺术创作的追求一直很执拗

内的岩画石刻，他还曾专门到美国去探访过加州和印第安的岩画。2010年在美国洛杉矶举办画展期间，吴颐人到三个大学讲学，内容是“中国的古书——汉简”。展出中作品他就加入了加州的岩画，美国人搞不懂了，加州怎么也有岩画？“其实印第安人的岩画很有意思的，他们更着重刻画人物、服饰、造型，像是原始的时装秀一样。”吴颐人解释道。

依然学童在路上

就是这样一个在全国书画界、篆刻界影响力不一般的艺术大师，却总是活力十足，一点都没有很多传统老艺术家的“保守作风”。

吴颐人非常乐于接受新事物，骑马，玩微信，唱KTV，甚至是网络

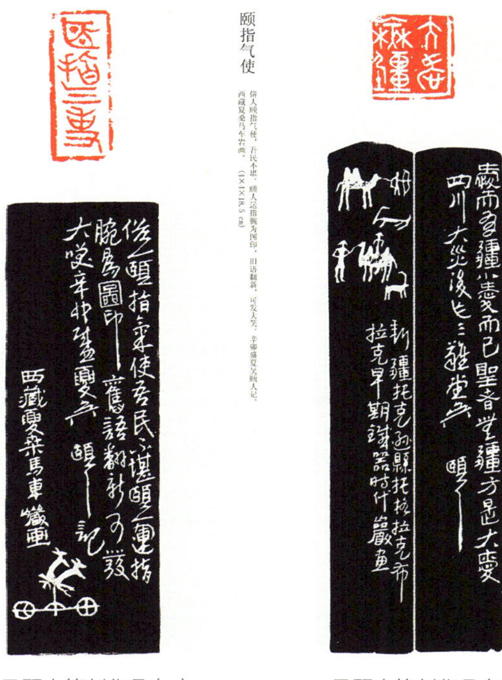

吴颐人篆刻作品（一）　　吴颐人篆刻作品（二）

文化。前几年，他曾展出过一幅作品"神马都是浮云"，就是用的网络流行语言，这对于书法家来说，实在是少见。吴颐人的朋友们谈起他来，也都说，像是没有他不感兴趣的事儿。郭舒权开玩笑说，有一次他觉得身体有些不适，吴颐人就说，"来来来，我用气功帮你按两下！"

吴颐人曾刻过一方印章，上书"依然学童"，就是为了勉励自己活到老学到老；去年举办师生展，名字叫《在路上》，他说学生们在路上，我也在路上；还有一方钧窑瓷印，刻有"七十变法"，边款"试试看"，完全印证着吴颐人"不服老"的"执拗"劲儿。

吴颐人还爱音乐，这与他的师门有关。从他的师祖弘一法师、到丰子恺、钱君匋都是书画音乐全能的艺术家。他常说，音乐与书画艺术本来也是相通的。“比如说一首乐曲，你看浓墨，就是小号；泼墨、淡墨就是大提琴；留白就是休止，线条夸张拉长就是延长十六拍……其实这就是原始的摇滚乐。”在吴颐人的家里，电子大提琴、钢琴、古筝、古琴、二胡……全到可以开一家乐器铺子。最让记者吃惊的是，据说他还曾发表过三支歌曲。“老郁（闵行区文联主席郁贤镜）以前做过沪剧团长，也会作曲，我把我84年在《天津歌声》上发表过的作品给他看了以后，他也说你这歌写得好！”吴颐人带着些小得意地说道。

事实上，让吴颐人最为得意的，还是他的女儿吴越。与众多普通的家长们一样，吴颐人也是个“女儿控”。优秀的女儿是吴颐人常常挂在嘴

吴颐人将这张草原上的骑马照设为了自己的微信头像

边和心里的念想。他的女儿吴越是一位颇有名气的青年演员，曾参演过《和平年代》《大院子女》《百团大战》《唐山大地震》等多部影视作品。吴越常年在北京发展，吴颐人也如一位平凡的父亲一般，常常与女儿微信交流，发些照片以表相思。

在这次七宝吴颐人艺术世界开幕式上，女儿吴越特地从北京赶来参加。照理说，在这样的场合，同为名人的女儿也算是半个主角，可她只是低调地参与了剪彩，与认识的叔伯朋友打个招呼，再留下一张合影，便悄然退到角落。吴越的低调之名我虽是早有耳闻，不过这次真正感受到，不免叹一声，果然是有其父必有其女。

有人这么评价吴颐人，不唯古，不唯今，只唯新。“有朋友劝我，吃

吴颐人书法作品

《吴颐人书画篆刻集》

吃老本算了，搞什么创新。但我不愿意。我不求第一，但求唯一。”吴颐人笑称自己是“70后”小伙子，“我喜欢不断探索。书法历来创作唐诗宋词，我喜欢用新题材，有炒股，有春运。在形式上，我还用东巴文，用计算机乱码、古琴谱。我不认识古琴谱，但我很想学，很想去尝试。别人都卖青菜，我要卖香菜！”话语间又带上了吴颐人特有的“执拗”，我想，这股“执拗”劲儿其实就是他作为文人的“风骨”吧！

链接：吴颐人

吴颐人，原名吴一仁，1942年4月生，闵行区颛桥人。师从钱君匋、钱瘦铁、罗福颐等前辈大师，坚持研习书画篆刻艺术六十余年，成果丰硕，风格独特，善于创新，影响广泛。

1991年秋和2001年冬在上海美术馆举办个人书、画、印展。2012年春在上海刘海粟美术馆举办个人艺术展，其书、画、印作品数十次应邀参加国内外重大展览，并入选各种作品集。

吴颐人至今已出版著作30多种，主要有《篆刻五十讲》《篆刻法》《篆刻跟我学》《吴颐人汉简书法》《吴颐人书画篆刻集》等。为西泠印社社员、中国书法家协会会员、上海书法家协会理事、上海美术家协会会员、闵行区美术家协会会长、上海吴昌硕艺术研究会会员。

吴越

吴颐人女儿。1972年4月10日出生，1995年毕业于上海戏剧学院，著名女演员。1995年，参演首部电视剧《北京深秋的故事》。1997年，凭借历史军旅剧《和平年代》获得第17届中国电视金鹰奖优秀女配角。

2001年，凭借电影《菊花茶》获得第8届北京大学生电影节最受欢迎女演员奖。2007年，凭借历史爱情电影《夜·明》获得上海国际电影节电影展最受瞩目新人奖，并入围第12届中国电影华表奖最佳女演员。2010年，凭借电视电影《前妻》获得第十届中国电视电影百合奖优秀女演员奖。2015年，凭借话剧《我的妹妹，安娜》获得星月盛典最佳戏剧演员奖。2017年出演热播剧《我的前半生》中“小三”凌玲一角，因演技太赞而被全网“指责”。

瑞祥明快　高洁豪迈
——彭瑞高印象

修晓林

（一）

许多人称呼他“彭老师”，而我更喜欢叫他“瑞高”。那个“高”字，还是自然又发自内心地顺势而上，有着一种高扬飞翔的音调。有着如此一个向着明洁高空“呼喊”的声音，我的心里，才会感到踏实和愉快。因为，挚友瑞高有着为人的高品位，思想的高境界以及身体的高素质——这在心态浮躁、唯利是图、体质堪忧的当今社会，着实不容易。

彭瑞高笔耕不辍，其性格率真、开朗

还是在1983年，上海文艺出版社的一次青年作家见面组稿会上，我第一次见到彭瑞高，就被他身上的豪迈正义，还有他腰背挺直、双脚生风的英武之气所吸引。以后，在上海作协组织的文学活动中，也几次见到他。也曾经到他工作的宣传部办公室向他组稿，并叙谈关于个人生活质量寻求改变突破的事情。真正与瑞高熟识并开始推心置腹、心心相印的，有两个年头值得记载。

一是1997年秋天，瑞高开车接我到他的虹桥新居作客，随意聊天时，瑞高给我讲了不少当年谢泉铭先生关心、辅导他写作的生动事情，因为有着同一个恩师，而瑞高又是如此一位有情有义、喝水不忘掘井人的男子汉，我的心和他贴得更近了。

二是1998年，那是一个阳光明媚的仲春，我俩在绍兴路7号五楼的文艺出版社乒乓室交手、对阵之后，从小热爱体育运动的他，与我社的麦荣邦、叶建初、厉强等乒乓爱好者单打独斗，逐一交手，车轮大战下来，他没想到自己战绩不佳，当我送他下楼时，略显郁闷的瑞高说了句："兵败绍兴路啊。"此前，我知道他是一个骑车都不愿别人超过的勇士。当时我就觉得，只要瑞高确实有坚实的乒乓基本功，又有战术、应变、体能的素质储备，待到熟练手热、感觉上来之后，他威震对手的生龙活虎状态，就会代替长久不打球的"手生"问题。

这以后几年，瑞高经常挑战性地叫我下班后到宣传部乒乓室挥拍大战。后来每周三晚上，就相约到南丹东路斯波特酒店乒乓球馆对阵；再就是到文新报业集团11楼乒乓房，长达数年地在欢声笑语、群情振奋中，进行乒乓球的激烈对抗。正如新民晚报资深记者、同是球友的朱全弟所说："彭瑞高打乒乓，打得细腻而又坚韧，他认真对待每一个球，仿佛写小说时需要字斟句酌，决不马虎。他在落后中能够顶住，关键时刻不手软，并有超水平发挥，成为我的强劲对手。”瑞高每一次打球，都是乘兴而来，开怀而归，不是筋骨松动、淋漓酣畅不算完，不是换掉三件汗湿衣服不算数。

到了2006年，在灵活多变、奇招迭出、坚韧顽强的瑞高面前，我就经常是他的手下败将了。对于这轻小却是有着非凡神力的国球的认识，瑞高已是有了从“必然王国”到“自由王国”的精神升华，且给予周围的乒友们以深度的感染和影响。他对我说过：“我已从计较胜败的阴云中走出。打球主要是强身，次要是技艺。技艺是为了强身。所以打球要愉快，不要生气，给自己找堵。”多年来，凡是央视转播全国和世界性乒乓大赛，我都会提前用短信通知各位球友，想的是虽然彼此不常见面，但能够在同一时间观赏国手表演，那是一种人生的高级享受。瑞高高兴地对我说道：“在您报春鸟般的辛苦预报下，乒超精彩纷呈。感谢您的不老友情。”因为有着共同的对于国球的深深爱好，我和瑞高的友情，更达到了“心有灵犀一点通”的地步。我俩都“坐办公室”，都是中国作协会员；相互间，又是文学编辑和著名作家的关系；还有着浸润于身心的对于乒乓运动的共同爱好。这种全方位“近似”，真个是相互渗透，相互促进，相互感染，相互提升。

（二）

我是发自内心地喜欢瑞高的作品。

作为长久从事文学工作的资深编辑，对于如许多长篇小说和纪实文学或是散文特写的书稿，心里如觉着只是写得一般，并无大的特色，而这位作家又是很想在文艺社出书，我是绝对不会违心称好、"翻黑为白"的。如对方一定要问起我的读后感，我就只能委婉地又是逐步深入地"说真话"，此时的我，心中就是淡淡的失望加上微微的冰凉，还要担心对方这位作家友人是否"海量"。在这一时刻，我就更是会怀想那种读到优秀文艺作品受到深深吸引和感染的心灵震动力量——在当代中国，好作品还是太少了啊！

彭瑞高作品《上海三只眼》

而对于瑞高的每一部、每一篇作品，无论是短、中、长篇小说还是散文随笔、报告文学，只要能够读到的，我都是兴意盎然、津津有味地读着和想着。读的是他文章中那些充满灵动之气的充满生活情趣的语言，形象、生动、鲜明的人物个性的灵通文气，场景的描写中有心灵的悦动；想的是他文章里，情节进展中的生活智慧，简明叙述的哲理思考；感受到的是与他为人处事相同的豪迈、自信、乐观的气场。中国的作家有很多很多，仅是中国作协会员，就有八千多人，但是能够写到瑞高这个份上的，可以说确实为数不多。文艺评论家李子云如此评价瑞高的小说——

"彭瑞高擅长写江南水乡的风土人情，特别是大城市郊区农村的形形式式的人物。他笔下的人物新鲜活泼，散发着浓浓的乡土气，但又都受到了改革之风的吹拂。他的想象与虚构都出自现实生活，自有一种真实感人的力量。他在语言上尤见功力。他的语言来自民间，生动、明快、简练、富有农民的幽默感，形成一种独特的、别人难于摹仿的风格。”

确实，在彭瑞高的小说和散文等作品中，能够感受到富有张力的精彩语言、丰富生动的好看故事、犹如岩浆般喷涌的生活热情和尖锐直率的思想火花。文艺出版社的小车司机王伟成，看瑞高的小说，看得神思飞扬，欲罢不能，说：“这样的小说好看。”这就是瑞高的作品在普通老百姓心目中的地位。而上海的《新民晚报》《文汇报》《解放日报》的副刊，都以能发表他充满活力和朝气的文章而感到荣幸。尤其惹人注目的是，是那些关于乒乓球、足球等运动的体育散文：《清爽的刘翔》《失败也是英雄》《没有“国球”的日子》《球友》《乒乓林里一棵柳》《刘翔这一刻》……普通民众爱读这样充满追求健康、生机勃发、激情四射的佳作，也由此更加热爱手中的这张报纸。体育散文，已经成为环绕瑞高全身的耀眼光环，也为上海作家挣得了“刚性、坚强”的好名声。

瑞高的作品，在全国都有影响，曾连续获得“上海市中、长篇小说大奖”。我在《小说界》杂志工作15个年头，当然是想约到他的优秀中篇，对此愿望，我不开口，他也是明了的。但就是因为他十分看不惯某位领导，无视下级和职工的情绪和诉求，“想怎样就怎样”，就不愿意用自己的好作品来为此人“增光添彩”。他以一种特有的英雄气概对我说：“庆父未死，鲁难未已”。我自然是明白他说这个典故的含义。我的良好心愿未能实现，却是更加佩服这位血性汉子的人格尊严和高洁志向。

（三）

坚持"三贴近"原则，深入改革开放和现代化建设第一线，是作家创作的丰厚底气，当然也是作家能够写出文学精品的前提所在。

从2004年起，瑞高就开始赴洋山深水港挂职，一下去就是七八年。他认为自己在城里待的时间太长了，"心灵处于缓慢失血状态，对生机勃勃的生活，触角已经不再那么敏感，而由于缺乏敏感，写作上的创造力也下降了"。他发现自己在渐渐地远离气场，创作的脉息越来越微弱，这对于一个作家来说，不是好兆头。在这个闻名中外的国际大港，瑞高既是挂职工作的干部，又是体验生活的作家，还是现场采访的记者。这些年，他看惯了大海和港口、巨轮和桥吊，闻惯了钢铁和柴油的味道，与工人和技术人员也相处惯了，在岛上写东西，就像有什么骨架支撑着自己，心里有底。不出一个月，瑞高就发觉，自己的"嗅觉"有所恢复。晚上睡下时，脑子里不再是空空荡荡。新鲜、火热的生活，帮助他寻找到了关于创作的大量细节，也寻找到了比细节更为重要的精神富矿。瑞高这种对于自己文学创作质量高标准严要求的负责态度，对于经济建设、民心民生的关注与热情，在上海的老中青作家中，有口皆碑。

2005年初，当我从《小说界》又回到文学室后，他就全力支持我的编辑工作。在长篇小说《东方大港》的出版、宣传方面，我俩合作得十分默契、开心。为此，他于2007年8月9日和2008年9月14日给我的短信，让我深受感动并受到激励：

"这都是晓林哥的策划和不懈努力，希望出版之路能顺利，在我们兄弟史上立下丰碑。中秋是思亲的节，我们都想念你、感谢你。您乐观敬业

彭瑞高长篇小说《东方大港》

教给我们很多。祝您一切好。”

瑞高是一位率真、开朗、充满正义感的挚友。如果你的心里有郁闷事烦心事纠结事，又恰遇和他在一起，你的内心，就会受到关于坚韧的毅力、大度的胸怀、快乐的心情的感染和启迪。2008年4月，由上海科委的凌刚好友具体组织，瑞高、杨晓晖、潘向黎、李其钢夫妇、朱全弟和我一行友人同去崇明岛度假。面包车行至石洞口码头时，瑞高看着车窗外长江口的壮阔景观，激情难抑；在西滩湿地公园，天朗气清，海风拂面，瑞高更是涌起了几乎想作诗的兴奋。这使我想起2007年4月，我与一批作家一道走在青岛海滨大道上，瑞高以他快活硬朗的身姿，手举彩色风车，引导我们穿行在熙攘的人群中，让我们感受到了一种酣畅淋漓、身轻如燕、越活越年轻的快感！

（四）

瑞高又是一位十分讲究生活质量、注重身体健康的挚友。他总是不失时机地与我畅谈健康理念，“有了健康，就有了一切。”“让我们以健康相会”。一次，当我因过度劳累、上火牙痛时，他立马就在电脑中给我来信：

“您这毛病，疑有内热。吃几顿绿豆百合汤、凉拌苦瓜丝，应有立竿见影之效。这两样东西还要常吃，甜品则要少吃。另外，你最近出汗也少了吧？其实，出汗是最好的排毒。您若坚持一天一小汗，三天一大汗，这样，体内就存不住毒，就不会有内热。身体好，是要付出汗的代价去换来的，切记切记！”

人生奋斗的道路上，有清风明月的潇洒时分，也会有烦闷低沉的黑暗时光。那是2005年的深秋，由于某些领导无常、无序、无理的工作作风和古怪心理，我这资深编辑非但得不到应有的尊重，相反还遭受到莫名的指责与欺辱。我独自一人在新天地的树林里行走，萧瑟秋风中，难抑内心的悲愤心情。此时，我也无比想念那些在我的成长道路上，给我几多珍贵帮助的友人！一次在绍兴路上，邂逅瑞高，真是胜似兄弟与亲人！我对他尽吐胸中块垒，郁闷之气喷涌而出。瑞高兄是最能理解和帮助我的人，他在几天后的几次短信中再次对我说道：“一切都会过去的。忘掉那个人和那些事！”“挺起胸膛，将前面的路走得更好！”

彭瑞高作品《雪从1970下起》

在瑞高的切实关心和鼓励

下，我从心底感受到正义和坚强的力量，并由此认清了事物发展的良好趋势。当我于2009年评上正高职称时，瑞高为我多年努力终成正果感到欢欣鼓舞。著名作家张笑天给我来信，对此表示祝贺，同时也为我的一些不公遭遇而感到不平。瑞高知晓后，当即给我写信：“想想看，中国作家群里的翘楚级人物，有几个不是你的作者？听说社里还要留你几年，这对我们来说都是福音，最难得的是作家与编辑的默契与相知，在当今物欲横流，一切都商品化的时候，不带功利色彩的关系难能可贵，也更值得珍视。”“张笑天兄的这番话，也说出了我的心里话，相信也说出了许多了解您的其他作家的心里话。那些年，我们常常在绍兴路上站着长谈，不平之心，充盈了我们两人的胸膛。我佩服您的忍耐之心，也相信您一定会取得事业上的突破和人生的幸福。这一切，现在果然如期而至！”“人生规律如此，三十年河东三十年河西，让我们硬硬朗朗地活着，堂堂正正地活着，验证是谁笑到最后。”

2010年的春天，我已迎来退休年龄。我在供职单位延期退休，继续忙碌着组稿、看稿和编稿工作，而早我一年多退休的瑞高，用他的睿智和潇洒，给我前瞻性的人生启示。2009年7月电邮中，他给我写道：

“看到了您打乒乓球的照片，很高兴。没有人像我们这样，从精神到肉体都长期这么活跃，这些新鲜。我已经办了退休手续，但生活状态、精神状态没有任何落差。我不觉得离开单位是一个问题，也不觉得少点钱是一个问题。我将兴致勃勃地生活下去、写作下去！”

“心，永远那么平静，因为我们这辈子没有伤害过任何人；轻松，是因为无愧。”

……

又有一段时间没有与瑞高见面了，要快些与他见面呵。只要想起这位真正的好友，我的心里，就会充满了温情与激动。永远地祝福您，快乐又智慧、冷静又勇猛的瑞高！

链接：彭瑞高

彭瑞高，中共党员，中国作家协会会员，上海作家协会理事，国家一级作家。

著有《贼船》《东方大港》等多部长篇小说。《本乡有案》《叫魂》《逃匿者》等中篇小说获上海文学创作大奖或被评为年度全国最佳中篇小说；杂文和报告文学获中国新闻奖和上海新闻奖。多部小说被译成英、俄、韩等文字出版。

1968年到1972年，在原上海县北桥公社黄浦一大队务农；1974年到1985年，在北桥公社担任乡村教师；1986年到2009年，先后在上海县委、上海市委宣传部工作；2009年后专事写作。

附：不老的沪闵路

彭瑞高

沪闵路伴我度过了大半生。它印下我青春的足迹，现在又接纳我飘散的白发。

42年前，几十辆大客车浩浩荡荡开过沪闵路，把我们千名知青送到北桥。队长骑着自行车在公社大院等我，驮上我继续沿沪闵路南行，踅进一条弯弯曲曲的土路，一直骑到黄浦江边，那里便是我永远惦记的小村。

第一天下河担水，竟就有了一个重要发现。水桥台阶是石碑叠起来的，贴水的最后一级台阶，是一块巨大的花岗岩碑石，那上面赫然镌刻着：陆军中将李英石之墓。

我读过一点历史，知道李英石是谁。上世纪初一批官费生大闹驻日公使馆，殴打公使蔡钧，被指控为革命党人遣送回国，其中就有李英石。辛亥上海光复胜利成功，李英石率领商团攻打江南制造局立下战功，被任命为上海商团总司令。孙中山在南京就任临时大总统时，李英石成为警备司令。以后，他又被授陆军少将、陆军中将衔。

堂堂名将的墓碑，现在竟成乡村水桥，不由得令我惊讶万分。村里老人后来又告诉我更多轶事。他们说李英石就出生在闵行；他参与创办了沪闵长途汽车公司；老沪闵路就是他集资建设的，有一段就叫“英石路”……这些事我没考证过。但沪闵长途车在1922年底通车，成为上海郊区最早的公交线路，史书上有记载。

因为李英石，我喜欢在老沪闵路上骑车独行。那是一条柳树相拥的小路，路面平整洁净，两侧阡陌相连、屋舍俨然，十分安静平和。从颛桥切入，沿路走过钱粮庙、朱家行、梅家弄；遇得着丰收厂的拖拉机，闻得着中药厂的异香，看得见上海中学的国旗，听得见六牧场的牛叫，出口指向漕河泾，抬头可望徐家汇。

但我走得更多的是新沪闵路。这路气势非凡。它是市政府投资千万元，在上世纪50年代末建成的，北段起漕河泾，经梅陇、莘庄至颛桥，4车道；南段更将老沪闵路截弯取直，拓为6车道，接颛桥、北桥、闵行三镇。这是当年上海最高等级的公路，全长20多公里。文革中有大字报说，柯庆施知道沪闵路造得这等规模气势，阴阳怪气批评道：“这是我孙子干的。"他哪里知道，没等到孙子辈，沪闵路就又显得狭窄了。电机厂、汽轮机厂、锅炉厂等万人大厂开工后，成百上千辆大客车载着工人上下班，高峰时段沪闵路常常拥挤不堪。

我在外工作多年，一直牵挂着沪闵路。它两侧的大樟树，是我心中的绿荫。三十年来，它是上海变化最大的老路之一：衔接沪杭高速，建起莘庄立交；开辟全市最漂亮的绿化带，拓建全市最长的自行车道……18年前，上海第一条地铁开始与北段并行；接着，轨交五号线与南段相伴；几年前高架落成，沪闵路更增添了双层飞翼……

我老了，回到了闵行。乘上轨交五号线，伴着沪闵路在浓荫密林中穿越，是最舒适的出行；骑上一辆橘黄色免费自行车，沿着沪闵路往南走，在最新的闵浦二桥前落落脚，也是惬意的短旅。离这不远处的黄浦江南岸，"敏园"依然在，那正是李英石的旧宅。佩剑没了，墓碑没了，但将军的名字，闵行人永远不会忘记。

（刊于2010年12月11日《解放日报》）

做能做的，做想做的

查珺燕

吕凉

采访吕凉老师的那天，是去年（2015）12月中旬的一个下午，他比约定的时间晚到了半个小时。穿着棉马甲棉裤棉鞋的吕凉看着特别“居家”，连声道歉说：“实在对不起，我在家写东西呢，把采访的事儿忘得一干二净，猛地想起来已经过了时间，立马就赶过来了。”在随后的采访中，他又见缝插针道歉了好几次。

位于闵行区颛桥文体中心的吕凉戏剧工作室宽敞明亮，我们欣赏着墙上他的剧照，边喝茶边聊起了天。采访轻松愉快，其间同事拍了几张采访照片，吕凉说，“发朋友圈可以，就别传播出去了，今天打扮得实在太难看。”完全没有名演员架子的吕凉，着实平民且可爱。

“说起来很惭愧”，是吕凉在我们聊天时常提及的一句话，我把它当作是艺术家谦虚的一种表现，事实是，在一个多小时的采访里，他的所思所想，让我们受益匪浅……

算得上很有缘，十年“偶遇”三次

说起来我与吕凉老师颇有缘分。2004年，我在上海电视台纪实频道《档案》栏目实习，当时栏目制作的《民国遗案》系列专题片请来了吕凉做第一季的讲述人，在演播室的角落看着他讲述我参与制作的《诱拐还是私奔》，心想他的声音可真好听；2008年北京奥运会期间，我在《闵行报》担任记者，吕凉作为奥运火炬手接受了我的采访。那是一个炎热的夏日午后，采访约在安福路上的上海话剧中心，吕凉很忙，这边有一个会议要开，那里有个剧本正在彩排需要他指导，但他还是非常客气地请我喝了两杯咖啡，利用间隙接受了我的采访。有时候无意间和媒体同行聊起吕凉，得到的评价也都是吕凉老师人很好，完全没有架子。

谈起以往种种，吕凉也直呼，看来，我们真的很有缘分。“以后工作室成立剧社，我们会常见面的。”吕凉说。

缘分不止于此，吕凉与闵行也颇有缘分。吕凉家原本在徐汇，与闵行梅陇一界之隔，2001年，他和爱人宋忆宁想购置新房，他们一路往西看了很多处房子，最后选中了位于颛桥镇老沪闵路的小区。“当时闵行已经名声在外，而且这个地方特别安静，没有那么多车，交通很顺畅。当然，还是夫人说了算，夫人说这里好，就好。”吕凉笑说。外界盛传吕凉对夫人体贴有加，看来果然不假。

2014年10月，吕凉工作室在颛桥镇文体中心正式落户，作为揭幕“礼物”，吕凉带着他的团队为当地百姓送上了两场《人在穷途》的公益话剧，“未来这样的机会还有很多，要为闵行做的事情也有很多”。

最爱是做演员，一辈子琢磨一件事

谈到最近的工作安排，吕凉说，“工作很多，不过说起来很惭愧，却几乎挑不出重点的来。全部精力都放在了上海话剧艺术中心建团20周年上，有40多台戏要监制，其中4部戏要参演，2部戏要复排，还有十几个原创剧本要看，再加上一些事务性的工作……”

的确，作为上海话剧艺术中心艺术总监，吕凉要考虑要处理的事情很多。他说，“所谓艺术总监，就是要对所生产的艺术产品负责。文化产品是个非常特殊的产品，艺术最重要的是展示艺术家的个性，没有个性成为不了艺术。作为艺术的总监，要充分展现编剧、导演、演员、舞美以及总监自身的个性，要求演出质量上比较专业。”

话剧《长生》剧照

演出任务越来越多，有些演员都是三班倒，吕凉对他们说："要学会说不，实在没精力就不接。人的能量聚集起来很难，释放出去很容易，重复同一件事就是混，歇着的时候才会琢磨这戏哪里还需要提高，当演员什么知识都不嫌多，哪怕看看闲书，都是很好的补充。"

"天天看似忙忙碌碌，或许就是一个字'混'，天天在家待着，琢磨事儿，没准真不是混。"吕凉的这番话叫人醍醐灌顶。

吕凉身具多重身份：导演、话剧演员、影视演员、主持人、艺术总监……每一种都不简单。

对此，吕凉认为，人这一辈子踏踏实实做好一件事就不容易。舞台演员和影视演员有很多不同之处，依赖的技术不一样；主持工作也是存在规范和规律的，不是上去说说话，念两句台词就是主持，这非常考验一个人的知识储备和现场发挥能力；做管理就更难了，如何运作整个剧团、安排生产计划等等，都是搞人脑子的。要想把任何一种职业的规律弄清楚，需要花一辈子去琢磨。

"我觉得我只能做一个称职的演员，这是我唯一能做的。我学过，研究过，能用自己的知识和热情诠释好演员这个角色。"吕凉这样对自己定位。

对于工作室，吕凉已经想了很多，比如说如何和政府打交道，要考虑老百姓需要什么，未来的剧社如何开展活动……他表示要把心放在工作室，好好研究研究，琢磨琢磨。

"在这点上，宋忆宁把握得很好，就演话剧，踏踏实实做一件事，不求名不求利，挺好。"吕凉对于妻子的赞赏溢于言表。

我是“懒惰”的人，期盼早点退休

平日里，吕凉最爱在家里写东西看书玩游戏，“我很懒，不愿意到处跑，可能是以前在外面跑得太多，难得有空闲，现在只要有时间，就会在家里静静地待会儿。”可事实上，为了今年上海话剧艺术中心20周年的庆典活动，以及吕凉工作室的各类演出和讲座，他一点儿都没闲着。

在我们的印象中，吕凉最新扮演的角色是电视剧《生活启示录》里闫妮的父亲于建国，慈祥和蔼到不行。吕凉连笑着摆手说，其实最近我扮演的是一个非常凶残的杀人不眨眼的渔霸。这让我们跌破眼镜。“这部戏是山东卫视拍的《新渔岛怒潮》，在胶东地区拍摄，30天的戏，我上海山东来回跑了4趟，因为这边儿事情也多，得赶着回来。”

今年年初，上海话剧中心成立20周年系列演出之“不止经典”系列的首部大戏——《长恨歌》在安福路288号的艺术剧院上演，吕凉作为艺术总监出席了新闻通气会。会上的他西装革履，头发梳理得整整齐齐。

“我很少接受采访和宣传，真的不知道说什么，想为闵行做的事情还有很多，特别盼望退休。”事实上，吕凉离60岁还有两年。他觉得唯有退休了，也许就可以专心做喜欢的事情，过上理想中的生活，“没事儿喝喝酒钓钓鱼看看月亮写写诗”。

吕凉从小在山东泰安长大，家后面就是泰山，小时候正好是“文革”时期，大多数时候是停课闹革命。学不能上了，他就老去山上松树底下采采蘑菇，捡捡松果，现在想起来特别怀念。前阵子在山东日照拍摄《新渔岛怒潮》，他说每天早上坐车去片场，看到日照这个小城建设得不错，马路很宽敞，人也不多，心里特别舒畅，不像在上海，往车上一坐，感觉有根鞭子紧紧抽着你，督促你不停地往前往前，现代化给人带来了强大的压迫感。

作为恢复高考后的第一届大学生，1978年，吕凉考上了上海戏剧学院，4年后，他被分配到了峨眉电影制片厂，1986年，又调回了上海工作，一直到现在。

大家都熟知他和宋忆宁是一对幸福的舞台伉俪，问起谁先追的谁，"也说不上来，我们是大学同学，和我比起来，她是很漂亮的。"吕凉幸福地说，言语中不乏自我调侃。

粉丝在哪里偶遇吕凉的几率最大？也许是莘庄仲盛广场的电影院里，吕凉常会和妻子去那里看看电影。"有时候也在那里吃饭，不过比较少，总觉得有眼睛盯着你呢。"自然，家喻户晓的明星脸也给他带来了不方便。

说闵行没文化，这个我不同意

"说闵行没文化，这个我不同意。"吕凉表示。

现实的情况是，闵行欣赏文化的地方确实不多，闵行住了很多的文化人，但是这些人的文化活动却都在市区。他们看戏到市区，听音乐到市区，这说明闵行这块土地上文化设施是不够的，这个问题在全市甚至是全国都很普遍。为此，作为市政协委员的吕凉经常在"两会"上呼吁。"颛桥文体中心的剧场已经挺不错了，但像城市剧院这样正规的大剧场，闵行区恐怕就这一个。"

他提出，文化可以成为产业，但不可能成为像石油、煤炭、房地产那样高效能的产业，可是房地就那么多，文化却是无限的，所以要做长远

吕凉主演契科夫经典话剧《万尼亚舅舅》

的东西。

上世纪80年代，吕凉看了一篇关于剧院的文章，至今记忆深刻：某地开了个剧院，人们从四面八方跑来看戏。他们需要吃东西，要消费，于是乎在这个剧院周围有了咖啡馆、饭店、服装店、冷饮店、礼品店、鲜花店，这条街变得热热闹闹的。但是剧院老板不干了，他觉得那些商家都比自己赚钱多，于是干脆不演戏了，不如把剧院改换门庭，也去开服装店、饭馆、美容院……就这样剧院老板改行了。于是乎，剧院不存在了，这里逐渐变得冷落，没有人来了。

吕凉说："这是我二十多岁时看的文章，那时候我还没有像今天理解得这么深刻，这是一个简单的道理，人们对文化的关注带动了其他经济的增长。就像好莱坞的百老汇，伦敦的西区，都是靠文化带动商业的模式，闵行也应该朝这个方向努力。"

在戏剧教育过程中，吕凉惊喜地发现，很多原本较自闭的孩子参加戏剧小组后明显开朗多了，会表达了。"这是一种集体创作的职业，有一种合作包容精神，建立在彼此探讨争论的基础上，对个人的成长很有帮助，闵行有个80后自发建立的玛纳卡剧社也找过我讨论剧本．这说明，闵行热爱戏剧的人还是挺多的。”

“还是那句话，得好好琢磨琢磨：工作室能给闵行人带去什么实质性的快乐。这既是我们能做的，也恰恰是我们想做的。”吕凉如是说。

链接：吕凉

吕凉，1957年出生于北京，原籍山东泰安，男，电影、电视剧演员，上海话剧艺术中心艺术总监。

1978年进入上海戏剧学院表演系。1986年调入上海人民艺术剧院，参加影片《城市假面舞会》的拍摄，第一次饰演男主角罗汉，并获得第十届百花奖最佳男主角奖提名。1987年在话剧《自烹》中扮演易牙。1991年7月，与奚美娟共同出演的小剧场经典话剧《留守女士》创造了连演168场的纪录。1994年3月，获中国戏剧“梅花奖”。1995年1月进入上海话剧艺术中心。1998年9月，获得“佐临话剧艺术奖”。1999年5月开始担任上海话剧艺术中心艺术总监助理。2000年10月，获得“上海白玉兰戏剧表演艺术奖”。2002年1月开始担任上海话剧艺术中心艺术总监。2010年4月，获得现代戏剧谷2010壹戏剧大赏年度最佳男主角。

2013年10月，在闫妮、胡歌主演都市情感剧《生活启示录》中饰演于建国。2015年4月，友情主演都市情感剧《大好时光》，出演旗袍大师、男一号袁浩的父亲袁新华。

图书在版编目（CIP）数据

鹤鸣颛溪/吴玉林主编. —上海：上海书店出版社，2017.12

（"发现闵行之美"闵行区政协文史丛书）

ISBN 978-7-5458-1582-5

Ⅰ.①鹤… Ⅱ.①吴… Ⅲ.①乡镇-文史资料-闵行区 Ⅳ.①K295.15

中国版本图书馆CIP数据核字（2017）第314049号

封面篆刻 吴颐人
特约编辑 樊惠安 姚 尧
丛书策划 明镜文化
责任编辑 沈佳茹
技术编辑 丁 多
装帧设计 郦书径

鹤鸣颛溪
"发现闵行之美"闵行区政协文史丛书·老巷陈香辑
吴玉林 **主编**

出　版 上海世纪出版股份有限公司上海书店出版社
（200001 上海福建中路193号 www.ewen.co）
发　行 上海世纪出版股份有限公司发行中心
印　刷 上海豪杰印刷有限公司
开　本 710×1000 mm 1/16
印　张 11.5
字　数 120 000
版　次 2017年12月第1版
印　次 2018年3月第2次印刷
ISBN 978-7-5458-1582-5/K.302
定　价 58.00元